中国人文之旅

天津

宣庆坤　袁兆荣　编著

时代出版传媒股份有限公司
安徽科学技术出版社

图书在版编目(CIP)数据

中国人文之旅. 天津 / 宣庆坤,袁兆荣编著.--合肥:
安徽科学技术出版社,2016.10(2024.3重印)
ISBN 978-7-5337-6863-8

Ⅰ.①中… Ⅱ.①宣…②袁… Ⅲ.①旅游指南-天
津市 Ⅳ.①K928.9

中国版本图书馆 CIP 数据核字(2015)第 306648 号

ZHONGGUO RENWEN ZHI LU TIANJIN

中国人文之旅 天津

宣庆坤 袁兆荣 编著

出 版 人:王筱文　　　选题策划:王　勇　　　责任编辑:王　勇
责任校对:程　苗　　　责任印制:梁东兵　　　封面设计:数码创意
出版发行:安徽科学技术出版社　　　http://www.ahstp.net
　　　　(合肥市政务文化新区翡翠路 1118 号出版传媒广场,邮编:230071)
　　　　电话:(0551)63533330
印　　制:永清县晔盛亚胶印有限公司　　　电话:(0316)6658662
(如发现印装质量问题,影响阅读,请与印刷厂商联系调换)

开本:710×1010　1/16　　　印张:18　　　字数:340 千
版次:2016 年 10 月第 1 版　　　2024 年 3 月第 2 次印刷

ISBN 978-7-5337-6863-8　　　　　　　　　定价:88.00 元

　　"天津"这个名字首次出现于永乐初年，为朱棣所赐，意为天子渡河的地方。其建城已有600周年，有"天津卫"之称。这座百年前被多国划分租界的城市，古老而年轻，既带有西方殖民时代的烙印，又饱含传统的中华民俗。它有过刀光剑影，有过颠沛流离，有过璀璨如珠，因为文化的积淀，显得青春勃发而富有朝气。沿着流经岁月的海河，看着繁华如梦的市井，收藏着沉甸甸的往事。

　　比起其他直辖市来说，天津显得最漫不经心、最随心所欲，但必须得说，它让你一离开就怀念那唇齿间的美味，它的旧面孔与新气质始终和谐交织。乘坐"天津之眼"， 在桥上守望幸福，享受浪漫；泛舟海河，欣赏幽雅沉静的历史风貌，眺望正日新月异的海河美景；漫步五大道和意式风情街，观赏姿态万千的西式建筑景观，从哥特式到巴洛克式，从罗曼式到拜占庭式，中世纪的南欧风格、19世纪的折中主义风格……汇集了英、法、意、德、西班牙等国的建筑多达数百幢，风格迥异，闹中取静，中西文化艺术合璧的名人旧居50余座，如梁启超、曹锟、徐世昌、张自忠、张学铭等，而每幢建筑里都蕴含着不同的故事，展现了近代中国的百年风云。走在浓郁民俗风情的古文化街，一座座具有明清风格的古典建筑，一幅幅色彩绚丽、形象生动的杨柳青年画，一个个惟妙惟肖的泥人张彩塑，一件件精致细腻的文房四宝，品味着这里古朴精粹的最具天津味的文化艺术。另外，瓷房子里外都是琳琅满目的古董；天后宫和大悲院里香火常年旺盛；杨柳青石家大院里精美的建筑，领略豪门大院文化的深邃；要大快朵颐就去南市食品街，流油的狗不理包子、耳朵眼炸糕、桂发祥十八街麻花，张记果仁、曹记驴肉、大福来锅巴菜、石头门坎素包子、芝兰斋糕干以及贴饽饽熬小鱼等美味小吃各具特色，应有尽有。去名流茶馆里听相声，找找乐子；学两句"倍儿哏儿"（特别好玩）的天津话，"你介寺敢嘛"（你这是干什么）；踏访南开大学、天津大学著名学府，感受百年芳华；要血拼购物就去和平路和滨江道，国际品牌店鳞次栉比，商业气息浓郁，好一派繁忙的景象……

这就是天津，在朝阳升起时蓬勃昂扬，太阳落山后随和包容，它将中西历史糅合得恰到好处，用大方和兼容并蓄感动八方宾客。

目 录
CONTENTS

第7章　街头巷尾　吃不够

第8章　文化味儿很足的地方

第9章　踏访学府 感受时代芳华

附录

第 1 章

走过历史沧桑 尽览古今中外

双城双港的发展之路

天津，海河之畔的一颗渤海明珠，这座中国北方第一大港口，既带有中华民族5 000年的发展痕迹，又有西方殖民时代的烙印，一同构成今日的天津。

　　距今6 000年前的新石器时代，天津平原地区经过了一个由北向南、自西向东逐步推进的过程。自商代开始，黄河经过三次改道在天津附近入海，又经过千年的河水冲击，才形成现在的平原。并经过战国时期和秦代的开发，到西汉初年天津地区逐步富饶，为人类的居住和经济活动增添了有利条件。

　　天津平原上有著名的洼淀雍奴薮，捕鱼业和煮盐业兴盛。西汉初年，朝廷为了税收和管理，在此设置了无终县，形成了天津平原上最早的城市聚落。因天津平原水系众多，航运便利，这些城市聚落成为当地的政治经济中心以及水运交通枢纽。西汉末年，由于局部海侵，海平面上升导致很多地方被淹没，形成了沼泽，天津平原上的许多原始聚落因此消失，在天津设立的四座县城也都被废弃。直到东汉时期，平原再次显现。《水经·鲍丘水注》记载："自是水之南，南极溽沱，西至泉州雍权，东及于海，谓之雍奴薮。其泽野，有九十九店，支流条分，往往径通。"隋朝修建京杭运河后，在南运河和北运河的交会处，史称三会海口，是天津最早的发祥地。在芦台开辟了盐场，在宝坻设置盐仓。

　　后晋的建立者石敬瑭为了打败后唐，投降契丹人，将包括今天津、北京在内的幽云十六州割让给契丹，对宋代长江以北地区打开了门户。辽国管辖时，在此设立了"榷盐院"，管理盐务。北宋末年连金灭辽，曾短暂收复了燕云十六州，并设置了燕山府路和云中府路，天津属于燕山府路。后金国以张觉事件大举伐宋，再次入侵今天的天津市，在三岔口设直沽寨，在今天后宫附近已形成街道，是为天津最早的名称。元代改直沽寨为海津镇，这里成为漕粮运输的转运中心。设立大直沽盐运使司，管理盐的产销。明时，镇守北京的藩王朱棣为了与侄子明惠帝争夺皇位，在此渡过大运河南下。后来朱棣作了永乐皇帝，为了纪念由此起兵的"靖难之役"，将此地改名为天津，即天子之渡口之意，揭开了天津城市发展的新航向。

清顺治年间，设三卫（天津卫、天津左卫和天津右卫），后合并为天津卫，设立盐运、民政、军事、税收等建制。1725年，升天津卫为天津州。1731年，升天津州为天津府，辖六县一州。天津作为直隶总督的驻地，也成为李鸿章和袁世凯兴办洋务和发展北洋势力的主要基地。1860年，英、法联军占领天津，天津被迫开放，列强先后在天津设立租界。1900年7月，八国联军攻打天津，天津沦陷。1901年，由八国联军组成的天津都统衙门下令拆除城墙。民国初年，

天津大沽口炮台遗址

天津在政治舞台上扮演了重要角色，数以百计的下野官僚政客以及清代遗老进入天津租界避难，并图谋了复辟。其中包括民国总统黎元洪和前清废帝溥仪。

1928年6月，国民革命军占领天津，南京国民政府设立天津特别市。1930年6月，天津特别市改为南京国民政府行政院直辖的天津市。11月，因河北省省会由北平迁至天津，天津直辖市改为省辖市。1935年6月，河北省省会迁往保定，天津又改为直辖市。日本侵占时期对天津基本实行武力统治。日军对天津肆意烧杀抢掠，加上当时天津水灾，使天津成为名副其实的人间地狱。天津曾于清代大量开辟租界，日军占领初期租界内还算比较安全。太平洋战争爆发后，日本强行占领其他国家租借地，天津再无宁日。直到1945年8月，日本无条件投降，中国才收回了对天津的占有权。新中国成立后，天津是中央直辖市。1958年2月天津划归河北。1967年1月恢复直辖市，直至今天。

1984年，改革开放伊始，天津被国务院列为14个沿海开放城市之一，经济开始快速发展。1994年，天津市开始工业的战略东移，全力打造滨海新区，进入高速发展的时代。时至今时今日，天津经济增速连续多年位于全国领先位置，形成了中国唯一"双城双港"（双城指天津市中心城区和滨海新区核心区；双港指天津港和天津南港。）的城市形态。

人生礼仪纷繁复杂，多姿多彩

优越的地理位置，使天津地区成为历朝畿辅首邑，也是我国南北交通以及连接海外的重要枢纽。天津地区在特有的自然经济和社会历史条件下，创造了丰厚的文化遗产，形成了天津市特有的津味儿文化特色。

天津市是历史文化名城，早在新石器时代就有先民在此繁衍。明弘治四年（1491年）有官吏上书朝廷："天津之地，水陆咽喉，所系甚重。"

今日的天津已是工商大都会，商贸发达，成立了许多相对具有约束力的民间职业社团组织及客商寓居津门所建的会馆、乡祠。原海河城市漂泊无定的生活，培育了津民喜团聚、好热闹，钟情年节时令的庆贺活动。尤其对春节、元宵节、端午节、中秋节等这些传统民俗节日倾注了大量心血，不惜耗费大量人力、物力和财力，以火爆、喜庆，尽力渲染和营造年节气氛，并形成诸如"初一饺子、初二面、初三合子满家转"的春节期间特定的传统习俗。民间信仰广泛庞杂，清中叶以前，共有各类庙宇500余座，儒、释、道及民间或地方崇拜诸神无所不有，庙宇之多，全国罕见。自然物崇拜、祖先崇拜、动植物崇拜、民间杂神崇拜以及跳大神、算命、看风水等活动极为盛行，特别是对神灵的信仰目的

天津古文化街旅游区

民俗博物馆

性极强，多只祈求保佑现世生人，功利色彩较重。在诸多民间信仰中，尤以对海神天后崇拜顶礼至极，并将其与天津本土文化紧密结合，成为护佑三津的福主和城市保护神。津门历史也多与天后文化紧密相连，不仅有"先有天后宫，后有天津卫"的历史佳话，而且对天津经济、文化、风俗习尚等诸多方面均产生重大的影响。

这里的民间工艺美术的种类也很多，受官廷美术、文人美术及世俗欣赏需求影响，地域特色浓郁。杨柳青年画、塘沽版画、根雕、石雕、木雕、面塑、地毯、彩灯、剪纸、刻砖刘的砖刻、泥人张的彩塑、风筝魏的风筝等民间工艺美术作品被称为民间艺术之绝品。而在天津众多的民间艺术中，最具代表性的就是杨柳青木版年画这一民间艺术瑰宝。它创始于明末，鼎盛于清代，深受人们的喜爱，是我国宝贵的精神和物质财富，是维系津沽民族情感的纽带，名扬海内外。

一些源于他乡和城市社会低层的戏曲和曲艺，如相声、京剧、河北梆子、评剧、大鼓、快板、时调等亦在天津十分兴盛，最终有的在天津形成正式的艺术流派，有的在天津成熟或"走红"，从而使天津成为中国主要戏曲艺术产生的摇篮。特别是名角儿的演唱，不在天津唱红叫响就难以走向全国，过"天津关"是演员能否成名的标准，因而天津也是培养戏曲名家的温床。戏曲的繁荣也使茶园、戏园业大兴。这些地方成为天津民众休闲娱乐的主要场所。

中西合璧，静心品鉴

天津，中国四大直辖市之一。由于地理和历史原因，不仅各国租界西洋式建筑众多，也有众多的名人故居，构成了天津独特的亮丽风景线。

　　天津，东临渤海，北依燕山，市区依海河而建，景色优美。海河五大支流在此汇合入海口，素有"九河下梢""河海要冲"之称，因此天津是海上通往北京的咽喉要道。海河穿城而过，盘山伫立京东，自元代以来，一些文人就留下了"晓日三汊口，连樯集万艘""十里鱼盐新泽田，二分烟月小扬州"等赞美天津景色的诗句。

　　在天津，想大致领略一番津味、古味、文化味的朋友，最佳去处莫过于古文化街了。全部建筑为砖木结构，是目前天津市最大的一处仿古建筑群。基本格调为仿清、民间和小式的风格。全街80处单体建筑多为一或二层，都配有以

天津盘山

天津盘山

我国古典文学、神话传说等为题材的木雕、砖雕、油漆彩画。街内不仅有近百家店铺，主要经营除民俗用品、传统手工艺制品、古玩玉器、古旧书籍、泥人张彩塑、天津民间艺术的杨柳青年画、刘氏砖刻、魏记风筝以外，还有全国各地的艺术陶瓷、景泰蓝、双面绣、牙玉雕、中西乐器等上万种名优工艺品、文化用品以及文物古玩、图书字画等。漫步古文化街，耳边传来一声声的叫卖时就好像我们又置身于那个已经离现在很遥远的年代，眼前仿佛出现一幕一幕陌生而又熟悉的画面。

盘山是国家重点风景名胜区，犹如十里锦屏，巍然屹立于京东、津北，是当今中国北方著名的旅游胜地，历史上被列为中国十五大名胜之一，以"京东第一山"驰名中外。历史上曾建有72座寺庙和13座玲珑宝塔，一座皇家园林——静寄山庄，以"东五台山著称佛界"。乾隆皇帝曾赞叹："早知有盘山，何必下江南。"

"五大道"是天津名居名宅最为集中的地区，游览"五大道"，看看天津的"小洋楼"，实际上是漫步在建筑艺术长廊上的一次趣味旅行。这里被誉为"万国建筑博览会"，因小洋楼多、保存完整、建筑风格多样以及体现出的中西文化的冲突、交融而著名，总建筑面积超过99万平方米，汇聚着英、法、意、德、西班牙等国各式风貌建筑230多幢，名人名宅50余座，这些建筑形式丰富多彩，有文艺复兴式、希腊式、哥特式、浪漫主义、折中主义以及中西合璧式等，构成了一种凝固的艺术。

除此还开辟了天津风貌和名人故居展览，集中展示了静园、张园、中心公园、张学良故居、孙传芳故居、孙殿英旧居、袁氏宅邸、李吉甫故居等70多处典型建筑和名人故居等。

津门里的绝味小吃

天津地区的形成始于隋朝大运河的开通,而天津的饮食文化也从那时开始形成自己独特的风格。津菜博采众长又善于提炼,形成了独具特色的津门美食。

　　天津有着得天独厚的地理位置，为天津人民带来了丰富的食用原料。作为一个移民城市，这里汇集了八方来客，也带来了八方美食。难能可贵的是，它不仅仅局限于中华民族的烹饪、茶、酒这三大饮食文化，更饱含着多年来天津地域文化的深厚历史积淀和人文精神。

　　天津的美食餐饮在全国都是独具特色的，不但吃出了名气，还吃出了水平。据说，乾隆下江南几次路过天津，"搓"过几顿赞不绝口，竟将黄马褂和五品顶戴花翎赐给厨师。天津的吃不仅仅是为了填饱肚子，其内容、其程序、其名堂均繁复而多变。特别是天津小吃，它们不但能引下一串串口水，更能连缀出一段段故事。津门三绝，即狗不理包子、十八街麻花和耳朵眼炸糕，看这些名字是不是都很独特呢？当然还有锅巴菜、煎饼果子、小宝糖炒栗子、马记茶汤、芝兰斋糕干、恩发德蒸饺、石头门坎素包、知味斋水爆肚以及被称为宴会绝佳选择的天津八大碗，等等，是不是流口水了呢？

十八街麻花

天津狗不理包子

在这里先说一下狗不理包子，人们都说："到天津不吃狗不理包子就不算到过天津"，足见狗不理包子在天津饮食文化中的重要地位。刚出屉的热气腾腾爽眼舒心的包子，看上去如同薄雾之中含苞的秋菊，再咬上一口，油水汪汪，香而不腻。狗不理包子不仅在历史上为慈禧太后喜爱；今天，也深得大众百姓和外国友人的青睐。接下来是十八街麻花，其特点是香、甜、酥、脆，在干燥通风处放置数月不走味、不绵软、不变质。来天津旅游的国内外宾客，临走时都要带上几盒麻花，送亲朋好友。最后一个是耳朵眼炸糕，有巧克力、奶油、草莓等的夹心，口味不错，吃几个还上瘾。下面开始是大餐了，独具浓厚乡土特色的八大碗酒席，每桌坐上八个人，上八道菜，清一色的都用大海碗。八碗前有凉碟酒肴，6至12个干、冷、鲜、荤。这里的八大碗有粗细之分。粗八大碗有：炒青虾仁、烩鸡丝、全炖蛋羹蟹黄、海参丸子、元宝肉、清汤鸡、拆烩鸡、家常烧鲤鱼；细八大碗指：熘鱼片、烩虾仁、全家福、桂花鱼骨、烩滑鱼、川肉丝、川大丸子、松肉。更多天津美食等待您的一一品鉴，街头巷尾吃不够。

第 2 章

西洋风情 大小洋楼

意式风情街——典雅与可亲

意式风情街，位于天津市河北区，也叫意大利风情区，是原意大利在天津的租界，由河北区五经路、河北区博爱道、河北区胜利路、河北区建国道这四条河北区的道路合围起来的地区统称为意大利租界，目前保存完好的原汁原味、百年历史的意大利建筑有200余栋。

　　天津海河意式风情街曾是天津近代史上意大利租借地的中心区，已有近百年历史。原有街区及建筑基本保持原貌，是至今我国乃至东南亚地区最大的，也是唯一的意大利文化集中地，几乎包含了意大利各个时期不同风格的建筑。

　　公元20世纪初的天津，曾经有8个国家在此设立了租界。洋人们在这里建造了不少欧式风格的建筑，供他们办公或居住。其中意大利的租界地点就位于现在北安桥和天津火车站之间。

建筑

意大利风情街

那是在1902年，当时意大利政府任命一个叫费洛梯的海军陆战队中尉做项目经理，负责天津意大利租界的规划和建设。就这么一个机会，一个普通的意大利人永远地载入了天津的历史。在租界建设过程中，他以马可波罗广场为中心建造了完整的道路网及完备的公用设施。

这条街区的开发建设，充分利用天津地区独特的历史文化资源，以体现浓郁的意大利风情为宗旨，将风情区建设成为集旅游、商贸、休闲、娱乐和文博为一体的综合性多功能区。建成后的天津意大利租界紧挨海河，逢春夏秋三季，这里便成了不夜城。成群的意大利风格小洋楼，与解放路的银行大厦截然不同，让你感觉仿佛置身于马可波罗故乡的古老小镇，温馨又随和。而街区中心喷水柱的圆形广场的名字，就叫马可波罗。在这些意式建筑中，回力球场、圣心堂、原意大利领事馆和兵营等是比较著名的公用风貌建筑。由于意租界区域内环境优美，设施完善，文化气息浓厚，因此住进了不少文化名人，如梁启超的饮冰室、曹禺故居、李叔同故居、袁世凯及冯国璋的府邸等。白天这里游人不多，很适合参观拍照。

好了，让我们一起先走进意式风情街的中心——马可波罗广场。马可波罗广场是原意租界（现意式风情区）的中心建筑，占地2 200平方米，位于原马可波罗路（今民族路）和但丁路（今自由道）交汇处，是随着20世纪初意租界规划开辟而形成的。在广场上遥望周围，可以发现那里的别墅房顶多为意式角亭，有圆亭、方亭之别，圆柱和方柱之分，并分别用圆拱、平拱、尖拱、连拱、垂柱进行点缀。这些角亭高低错落，构成优美的建筑空间，是亚洲仅存的一片原汁原味的地中海建筑群。这些角亭用于在节日时"注油点燃"，以展现古罗马神殿的风采。

门票信息： 免费。

开放时间： 全天开放。

交通导航： 乘坐5路、8路、634路、635路、638路、638路区间、639路、645路、645路区间、663路、672路、676路、680路空调、802路、806路、832路、905路、西青便民9路空调到意式风情区站下车即可。

原意大利兵营

风情酒吧

离马可波罗广场不远还有一个回力球场，建于1932年—1934年期间，是意大利建筑师保罗·鲍乃弟设计的，为意大利塔式结构，雄伟壮观，充分体现了意大利建筑的特色和南欧的摩登建筑风格（关于回力球场，中国人也许大多不是很了解，这里简单介绍一下：其实它同赛马场一样，也是一个借运动竞技为名，公开设赌抽头的场所，是当年天津最大的赌场）。新中国成立后，将原回力球场设施拆除，改建成第一工人文化宫。

当然，这里不仅主建筑为意式风情，整个街区同样充斥着浓浓的异国情调。包括地上铺垫的鹅卵石和花砖以及路灯全部为欧式造型；路牌、电话亭、果皮箱等也是采用意大利风格设计的。当游人进入天津意大利风情街时，就仿佛真正来到了意大利，连那空气中都满布着意式风情。

五大道——姿态万千的小洋楼

推荐星级：★★★★

五大道是一个区域的泛指，位于天津中心市区的南部，这里汇聚着风格各异的欧陆风情小洋楼，有英、法、意、德、西班牙等国各式风貌建筑230多幢，名人名宅50余座，使这里成为"万国建筑博览会"。天津人把这里统称为"五大道"。

　　"五大道"并不是指五条马路大道，而是在天津以东西南北五座名城命名的街道，它们分别是：大理、重庆、常德、成都和睦南。因小洋楼多、保存完整、建筑风格多样，以及体现出的中西文化的冲突、交融而著名，被誉为"万国建筑博览会"，汇聚着英、法、意、德、西班牙等国各式风貌建筑230多幢，名人名宅50余座。这些建筑形式丰富多彩，有文艺复兴式、希腊式、哥特式、浪漫主义、折中主义以及中西合璧式等，构成了一种凝固的艺术。

五大道

重庆道上的特色雕塑

　　五大道是近代天津历史的一个重要体现，蕴含着丰富的文化内涵。很多近现代名人在这里留下了足迹，使得每幢建筑里都藏着一个故事，展现了近代中国百年风云。这里面曾住过中华民国大总统徐世昌、曹锟以及北洋内阁的六位总理、美国第31届总统胡佛、国务卿马歇尔等百余位中外名人。这些人在历史上扮演了重要的角色，同时也让五大道充满了"传奇"。

　　而在五大道地区修筑最早、最宽、最长的马路当属马场道。那里的121号小洋楼，原为英侨学者达文士居住，称"达文士楼"。不要小看了这座西班牙花园式的别墅，它可是五大道上最早的建筑。除此之外，还有罗马建筑风格的北疆博物院，是中国早期的博物馆之一；以及法国罗曼式建筑风格的工商学院，现为天津外国语大学校园。另外，五大道上还有两座中西合璧的公馆。一是大理道的蔡成勋旧居，二为重庆道的庆王府。

　　游览"五大道"，看看天津的"小洋楼"，实际上是漫步在建筑艺术长廊上的一次趣味旅行。如今的五大道仍保持着幽雅、别致、安静的风貌，来到五大道会让我们远离喧闹的浮华世界，如同走进了安静的建筑博览会。

门票信息： 免费。

开放时间： 全天开放。

交通导航： 可乘14路、858路、862路、908路到规划局站下车即可；或乘9路、9路区间、800路、831路、845路、858路、862路、870路、902路、908路、951路、观光2路空调到天和医院站下。

西开教堂——无比神圣庄严

西开教堂全称天主教西开总堂，又称老西开教堂，位于和平区滨江道独山路，坐西南朝东北。包括天主教总堂和大教堂，整个建筑为法国罗曼风格。

　　1916年竣工的西开教堂由法国传教士杜保禄主持修建，因地处法租界，故又称之为法国教堂。这座罗曼式法国建筑风格的教堂始建于1913年8月，建筑面积1 891.95平方米，平面呈十字形。从正厅到大门两侧底部的祭台，共14根立柱，形成三通廊式。中殿以叠式复合方柱廊，支撑大小半圆券顶。中央高大的穹窿顶，通过八角形鼓座与支撑拱架券顶。室内八角形的穹窿顶及侧窗均以彩色玻璃嵌作画。内墙彩绘壁画，装饰华丽，充满宗教神秘气息。西开教堂人口左右筑有塔楼。三座穹窿顶均略向上拉长，以木构架支撑，表面以绿色铜板覆盖，上置十字架。如此豪华的建筑却在1976年的大地震中受到严重震损，直到1980年进行修复后才又正式对外开放，恢复宗教活动。

露德圣母

西开教堂外观

教堂内景

　　据说西开教堂的修建是由1912年罗马教廷亲自颁发诏书的，它宣布：从直隶北境代牧区分设直隶海滨代牧区，主教府设在天津三岔河口的望海楼教堂。首任主教杜保禄考察到望海楼教堂地处天津旧市区，不便于今后扩展，于是在紧邻天津法租界西南面的老西开兴建新的主教座堂，并在教堂附近陆续开办了西开小学、若瑟小学、圣功小学、若瑟会修女院法汉学校和天主教医院，形成一大片教会建筑群。但在建造时却也历经波折，在1916年10月，发生法租界巡捕将驻守张庄大桥的中国警察缴械拘禁的事件，引起天津市民大规模抗议活动。后来，这一地区长期维持中法共管局面。

　　如今西开教堂已成为天津市最大的天主教堂，也是天主教天津教区主教座堂。堂内每日早晨举行宗教活动。逢星期日及天主教节日，早晚皆有宗教活动。

门票信息：免费。

开放时间：8：00—18：00；弥撒时间为每天6：00、7：00。

交通导航：可乘3路、45路、50路、600路、643路、673路、800路、847路、851路、901路和观光2路等到滨江道站下即可。

梁启超故居——纪念梁启超的地方

梁启超故居位于天津河北区民族路44号，饮冰室位于河北路46号。这两所住宅是民国初年梁启超购买周国贤旧意租界西马路空地所建，为意大利建筑风格，造型别致典雅。

梁启超，中国近代维新派领导人，同康有为一起，倡导变法维新，并称"康梁"。变法失败后，他流亡国外，接触了很多西方学说，回国后，创办了《庸言报》等，针砭时弊，倡导民主与科学，其著作编为《饮冰室合集》。梁启超是近代史上最具有影响力的人之一，为中国的发展起到了巨大的推动作用。为了纪念他的功绩，人们将其多处住所均完整地保存了下来，这里就包括了位于河北区第一工人文化宫附近的民族路上的梁启超故居，一座意大利建筑风格的小洋楼，造型别致典雅。

这座梁启超故居建成于1914年，分上下两层，一楼是客厅、书房等，楼上东半部的会客厅、起居室和资料室是梁启超专用，西半部为其家眷的住所。

梁启超故居

梁启超铜像

1924年，在他原寓所西侧，由意大利建筑师白罗尼欧设计，建成一幢名为"饮冰室"书斋的灰色两层洋楼，每逢寒暑假，常有大学生来这里听课，梁启超后期许多重要著作也是在这里写就的。

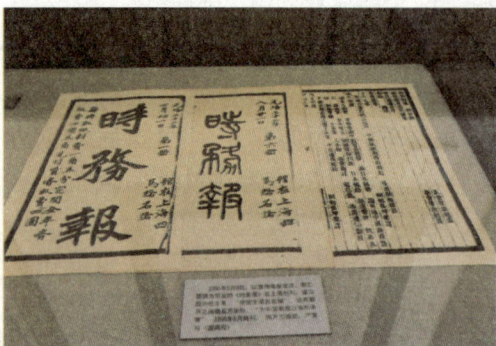
纪念馆展览文物

饮冰室内部

2001年，天津市政府斥巨资，依照"修旧如故"的原则，对梁启超旧居和"饮冰室"书斋进行修复，建成"天津梁启超纪念馆"，对外开放，这是天津第一个在名人旧居基础上建成的纪念馆。

纪念馆里100多件家具都是按当年的陈设原汁原味复制的，并根据梁启超后代反复回忆进行布置，力求贴近当年原貌。纪念馆大院中央竖立着一尊梁启超铜像，高2.38米，重400多千克。铜像由原籍新会的广州美术学院教授林敦厚父子设计，铜像栩栩如生，再现了梁启超年轻时朝气蓬勃的风采。

门票信息：10元。

开放时间：全天开放。

交通导航：乘2路、5路、8路、13路、24路、27路、50路、97路、186路、802路、808路、951路、961路及观光1路公交车可以到达。

　　展览厅设在"故居"楼内。以"梁启超与近代中国"为主题，分12个展室。有公车上书、戊戌变法、护国战争、巴黎和会等，最后一间展室展现的是梁启超的家庭及其九个子女成材的故事，图、文、物并茂，内容丰富。"饮冰室"为两层半文艺复兴时期意大利风格建筑。一楼为梁启超工作区，二楼是梁启超生活区。室内陈设中西相兼，融华夏书香与西洋气魄为一体。这是梁启超最后两年主要生活和工作的地方。

饮冰室

张学良故居——美观而又不失庄重

张学良故居位于天津市和平区赤峰道78号院，为张学良将领的常住寓所，是一所西洋集仿式楼房。

　　俗话说"百年历史看天津"，天津素有"九国租界，万国建筑博览会"之称！来到天津，必看的就是名人故居小洋楼，而在天津3 000多幢风貌建筑，800多所名人故居中，最具特色，也是最能代表中国近代史的传奇人物的故居，就是张学良故居。

张学良故居

张学良，字汉卿，辽宁省海城人，光绪二十七年(1901)生。东北讲武学堂毕业，历任旅长、师长、军长、军团司令、东北保安司令、东北边防司令长官、全国陆海空军副总司令、北平绥靖主任、军事委员会北平分会委员长、西北"剿匪"总司令等职。但为了救全民于水火之中，其于1936年与西北军杨虎城发动了震惊中外的"西安事变"，扣押蒋介石，逼蒋抗日，奠定了第二次国共合作、全民抗战的基础。但为此他也付出了很大的代价，被蒋介石终身监禁起来。

位于天津的这座张学良故居是其于1927—1932年间的常住寓所。砖木结构楼房，呈西洋巴洛克风格，是一所西洋集仿式楼房。故居前后有两幢砖木结构楼房，前楼建于1921年，为三层带地下室；后楼为两层，建于1926年。两幢共有房间42间，建筑面积1 270.4平方米，总面积1 401.65平方米。建筑造型豪华、美观、大方。前楼正面二、三层设有屋顶平台；室内宽大考究，内部楼梯、地板、门窗等均采用菲律宾木料；卫生设备具全，院内广植草坪。前楼二层有张学良书房以及于凤至、赵一荻的卧室。

如今这座楼房为天津市中嘉农资有限责任公司所有，该公司为弘扬爱国精神，在此楼开办了张学良生平展室。由于该处地段优越，加上装修富丽考究，陈设华贵雅致，是拍摄豪门巨贾宅第居室的理想场所。

门票信息： 5元。

开放时间： 9：00—17：00。

交通导航： 乘坐12路公交车可达。

静园——末代皇帝溥仪旧居

静园又名乾园，位于和平区鞍山道70号，为北洋政府驻日公使陆宗舆宅邸，1929年7月—1931年11月，末代皇帝溥仪于此居住。

静园始建于1921年，是民国时期参议院议员、驻日公使陆宗舆的住宅。静园占地总面积达3 360平方米，主体建筑属于折中主义风格，带有日本木构建筑特点和西班牙建筑的样式。为三环套月式三道院落，即前院、后院和西侧跨院。前庭院建有西班牙式两层砖木结构主楼一座，西半部为通天木柱的外走廊，东半部为封闭式。门的结构和材料选用具有典型的日本特色，朴素自然而简约，然而它的缓坡屋顶、筒瓦的利用以及室内细部装饰则有明显的西班牙中世纪建筑风格。楼内装修也非常讲究，主要房间均配置护墙板、壁橱、博古架、书架等，装饰风格均依照溥仪研究专家的考证精心挑选。

1925年溥仪被冯玉祥撵出北京后，来到天津张园，2年后携皇后婉容、淑妃文绣迁居到同街的乾园居住，随后把乾园改名为静园，取"静以养吾浩然之气"之意。由此溥仪在静园暂时安定了下来，继续他荒诞无稽的"皇帝生

静园

溥仪书房

涯"。但志大才疏的他却并不安分，一心图谋复辟。九一八事变后，自认为时机已到的溥仪，在静园与日本特务头子土肥原贤二会面，伺机出逃。他的这点心思正中了日本人的下怀，于是在日本人的帮助下于1931年11月10日晚从静园后门悄悄溜出，秘密离开天津，到达东北，从此揭开了他伪满傀儡生活的序幕。静园在末代帝王离开之后，也成了名副其实的安静之园。

卧室

溥仪展览馆

　　溥仪，这个末代"皇帝"虽然离开，但静园却保存了下来。如今的静园作为国家ＡＡＡ级景区对公众开放，陈列展品依据当初摆设，以清末民初的老家具、饰品为主，具有当时的时代特征。辅助陈列主要收录与溥仪及静园有关的器物，以及相关文字、照片资料等，以展示溥仪在津的生活和政治活动全过程，使游客身临其境，真实地体会到上世纪的那段岁月。

门票信息： 20元。

开放时间： 周二至周日8：30—17：00；周一闭馆（法定节假日除外）。

交通导航： 乘坐行经南京路的3路、50路、632路、673路、800路等公交车在鞍山道站下车。乘地铁1号线在鞍山道站下车。

张园——历史人物背后的故事

张园是清代两湖统制张彪于1915年所建的豪华宅院，溥仪和孙中山曾在此居住过。

在鸦片战争之后，散落于天津当时旧租界地中的片片小洋楼，享有着万国建筑博览会的美誉。从1860年开始，割据天津的九国列强相继建起了古典式、哥特式、英式、意式、法式等风情各异的小洋楼建筑，营造着他们如同在本土

张园

般的生活。自20世纪20年代以后，由于社会动荡，政局不稳，各类人物纷纷逃到天津租界，他们在这里建造起豪华别墅和公寓，由此演出了很多政治的、经济的、文化的历史活剧。张园便是这其中最有名的一处建筑，它见证了近代史上著名人物的活动。

张园是张彪的住宅。张彪1860年出生，山西人，20岁时追随张之洞，从下级军官"标统"做起，最后官至陆军第八镇统制。镇压武昌起义后，张彪东渡日本。1912年，张彪隐居天津日租界，开始投资实业。1915年，他在宫岛街（今鞍山道）建起这栋具有西洋古典风格的豪宅。

虽为私宅，但是因为前前后后入住过许多影响中国历史进程的人物，这个院子便显得不同寻常起来。孙中山北上时曾在此小住。不久，被逐出宫的末代皇帝溥仪逃到天津，入住张园，未几，皇后婉容和淑妃文绣也赶到这里，在此生活长达7年。轰动一时的"淑妃文绣出走事件"就是在这期间发生的。

而张彪为了迎接溥仪的到来，买了许多日常的生活用品和欧式家具。在张园住了一段时间之后，溥仪觉得这里要比北京的紫禁城舒服得多。用他的话讲是：没有紫禁城里我所不喜欢的东西，又保留了似乎必要的东西。在张园，溥仪再也不受宫里那套规矩的束缚了，也不再穿那套笨拙的龙袍，而是穿着普通的袍子马褂，或者西装，但这并不影响那些政客、遗老、武人们给他叩拜。这里虽然没有琉璃瓦，没有雕梁画栋，但备有抽水马桶和暖气设备的洋楼显然要比养心殿舒服得多。尽管在张园的经济状况和紫禁城比起来要差很多，但溥仪很快便被眼前这座大商埠城市所吸引。

唯一令他心烦意乱的就是到天津后，婉容与文绣的矛盾日益尖锐，文绣后来回忆说："在天津虽然我们同住一幢楼房里，无事谁也不和谁来往，形同路人。但婉容成天摆着皇后的大架子，盛气凌人，溥仪又特别听信她的话，我被他们俩冷眼相待。"文秀忍无可忍，数次自杀未遂，后在妹妹的帮助下逃离张园，并诉诸法院成功地与溥仪离了婚。溥仪后来回忆说："这与其说是感情上的问题，倒不如说是由于张园生活上的空虚。其实即使我有一个妻子，这个妻子也不会觉得有什么意思，因为我的兴趣除了复辟，还是复辟。"

　　1929年7月9日，溥仪由张园迁至曾任驻日本公使陆宗舆的私宅乾园。在溥仪离开后，张彪的儿子把张园卖给了日本人，改为日本警备司令部，后又成为国民党天津警备司令部。1949年1月15日天津解放后，张园曾被用为天津警备司令部，后改为天津市少年儿童图书馆。2006年，天津少年儿童图书馆迁出张园。天津京剧院迁址到张园进行日常办公至今。

门票信息： 免费。

开放时间： 全天开放。

交通导航： 乘坐611路公交车可以到达。

望海楼教堂——童话中的城堡

望海楼教堂原名圣母得胜堂，是中国近代史上著名的"天津教案"遗址。它位于天津市河北区狮子林大街西端北侧，斜对狮子林桥，因其旧址望海楼而得名，具有欧洲哥特式建筑风格。

坐落在三岔口一带海河北岸的望海楼教堂，是中国近代史上著名的"天津教案"遗址。这里原有一座望海楼，建于清代康熙年间，曾是清代皇帝出巡到

望海楼教堂外观

天津时游玩的地方。这一带车船交汇，商贩云集，是水陆交通的要道。望海楼的旁边，还有香火旺盛的崇禧观、望海寺等庙宇。

望海楼教堂是由法国传教士谢福音于1869年主持修建的天主教"圣母胜利之后堂"，又称"望海楼教堂"，是天津一带法国天主教堂的总堂，招收一批流氓为教徒，无恶不作，并以收养孤儿幼女为名开办仁慈堂，实际上是残害中国儿童。1870年6月，望海楼教堂仁慈堂虐待致死数十名儿童，天津人民群众义愤填膺，聚众到教堂说理，却遭到谢福音等帝国主义分子殴打。法国领事丰大业为此事见北洋通商大臣崇厚时又开枪威胁，并在路上向天津知县刘杰开枪，打伤随从。此事彻底激怒了天津的广大群众，他们怒不可遏，打死丰大业及其秘书，并烧毁了望海楼教堂、仁慈堂、位于教堂旁边的法国领事馆，以及当地英美传教士开办的其他4座基督教堂，这就是震惊中外的"天津教案"。事件发生后，清政府却杀害了16名爱国群众，赔偿白银40万两。1897年法国天主教会重建教堂。仿巴黎圣母院形式，为砖木结构哥特式建筑，正面有3个塔楼，呈笔架形状，中间为钟楼。1900年义和团运动中，教堂第二次被焚。1904年第二次修复。1976年7月唐山大地震时震损严重，1983年修复。

如今的望海楼教堂是典型的哥特风格建筑式样，坐北朝南，砖木结构，平面呈长方形。除塔楼外大部分建筑为二层，青砖墙面，尖拱式门窗，入口两侧设有扶壁，内部有三道通廊，中廊稍高，两边侧廊次之，属巴西利卡型。另有平顶的塔楼，后来又在礼拜堂四角设立了小角楼。望海楼教堂1988年被列为全国重点文物保护单位。

门票信息：免费。

开放时间：弥撒时间：6：30、7：30。

交通导航：乘14路、609路、675路、856路公交可达。

瓷房子——穿着古瓷器的洋楼

瓷房子，是天津市赤峰道一座用多件古董装修而成的法式洋楼；瓷房子主人张连志亲自设计，他用四千多件古瓷器、四百多件汉白玉石雕、二十多吨水晶石与玛瑙，以及数以万计的瓷片，把一座法式洋楼装饰成一座价值连城的瓷房子。

　　天津瓷房子本是一座有着100多年历史的法式建筑，年久失修，闲置十余年。当代古瓷艺术家张连志先生在其基础上，历经十年心血，使用历代珍贵石造像、石刻、石狮子，历代古瓷瓶、古瓷盘、古瓷片，天然水晶玛瑙，精心创作出的蕴含着中国古典文化气息的艺术作品。它是灿若繁星的东方中国古典艺术品与西洋建筑的完美结合，显露出设计者的宏大构思与精心策划，堪称中外一绝。

天津瓷房子全景

二楼走廊

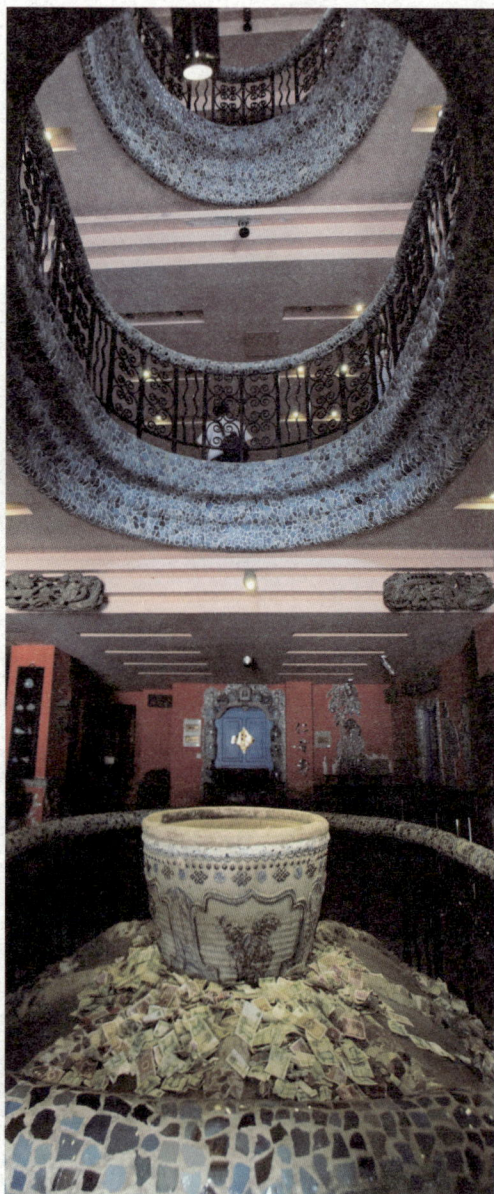

瓷房子内景

瓷房子位于天津市和平区赤峰道72号，地处繁华闹市区，距张学良故居非常近。主楼分上下5层，其身后有一栋4层的条形楼房，两边还各有一座200多平方米的耳房，总计建筑面积3 000多平方米。瓷房子所用瓷器和瓷片年代从汉代一直跨越到清代，窑址除五大名窑外还有龙泉窑、耀州窑等，中国所有官窑、民窑瓷的种类几乎都可以在这里看到。

瓷房子顶部用数十万块古瓷片镶贴成一条长达768米的巨龙浮雕，最显眼的是其中刻意拼出的"China"醒目图案，旁边还有用水晶粘贴的"爱我中华"、红色五角星等图形，其他由水晶和汉白玉石拼贴的装饰物也随处可见。屋内墙上挂着的，是工匠师傅们用古瓷片拼贴成的古今中外的名人字画，如唐代《五牛图》、宋代《古木怪石图》、元代《鹰松图》等，每层楼都有四至五幅不等，从米芾到徐悲鸿，从《捣练图》到《蒙娜丽莎》，不一而足。瓷房子的围墙被称之为"平安墙"，"平"取谐音"瓶"而来，因为这围墙是由整整635只民国和晚清时期的古瓷瓶垒砌串联而成的。

瓷房子还有一组不能忽略的文物，那就是大小不等的300多处石狮子，它们按照各自大小据守在瓷房子各个角落。这些石狮年代横跨东汉、唐、宋、清各个时期，每一个都极具价值。

瓷房子设计者张连志对艺术的所有理想，全部体现在"瓷房子"上。在他看来，在一栋老房子上贴满古瓷片，加以艺术的创作，赋予房子新的生命和内涵，是收藏文物的延伸，是对中国历史和陶瓷文化的致敬。

现在很多到天津旅游的人，都喜欢到赤峰道上的"瓷房子"参观。这幢法式小洋楼经过张连志六年精心打磨，如今华丽"变身"，披上古瓷片织成的"中式外衣"，变得古色古香，引起中外人士纷纷前来一探究竟。

门票信息： 35元。

开放时间： 10：00—17：00。

交通导航： 乘坐9路、9路区间、9路杨楼区间、37路、93路、97路、185路、629路、830路、831路、837路、838路、851路到中心公园站下。

法国公议大楼——华贵与庄重

法国公议大楼建于1929—1931年，是一座古典复兴式、三层混合结构的建筑。

　　小洋楼是天津最具代表性的建筑，如同四合院之于北京。走在和平区承德道的林荫道上，一栋规模宏大，艺术水准高超，保存最完好的西洋建筑会映入你的眼帘，这就是1991年被国家建设部、国家文物局公布为中国优秀近代建筑、国家级重点文物保护单位的原法国公议局大楼。现为天津市少年儿童图书馆。

整体建筑风景

大楼建于1929—1931年，由法国建筑师慕乐和义品公司的建筑师们合力完成设计。在一排排粗大的法国梧桐掩映下，与周边的几栋大型建筑以及"克雷孟梭广场"共同构成了当时法租界的核心风景。

这是一座古典复兴式、三层混合结构的建筑。大楼建筑面积8 700平方米，立面设计采用古典三段式，即建筑主体突出，左右两翼呈对称。主楼为三层，两翼为两层，带有半个地下室，典型的西洋古典主义式建筑风格。而整个大楼的基座采用花岗石镶面，主入口为三联半圆状花饰铁拱门。正门大厅为彩色大理石地面。黑白相间大理石台阶，汉白玉扶手。井字梁带花饰顶棚，配以彩色轧花玻璃采光窗，内装古朴华丽的八角形吊灯和各种灯具。二层中央为六根爱奥尼克柱式空廊，还有许多西洋雕刻装饰。受巴洛克思潮的影响，在屋顶上砌有女儿墙，两侧尖处为断山花加盾饰，整幢建筑用仿花岗岩块砌筑，造型稳重，雄伟壮观，内外协调，雍容华贵，具有很高的艺术、科学和历史价值。

由于在历史上，天津是北京的通海口岸，在清政府最腐败无能的那段日子里，天津被各帝国主义国家广设租界，大街小巷中一下子涌现出许多西洋风格的建筑物。法国公议大楼1931年建成后，成为原法国租界内负责行政事务的综合管理机构的公议局所在地，该局直接受法租界董事会领导，是当时法国在天津租界内的最高管理机构。抗战胜利后，公议局大楼被中国政府收回。该楼一度成为美国海军陆战队在天津的司令部，1945年10月6日，侵华日军在天津的投降仪式在这座大楼前的克雷孟梭广场进行。新中国成立后，这里一直是市图书馆所在地。市图书馆新馆建成后，这里成为天津市文化局办公地。

门票信息：免费。

开放时间：全天开放。

交通导航：乘坐公交车93路、823路在承德道站下车即可到达。

开滦矿务局大楼——雍容华丽

开滦矿务局大楼建于1919—1921年，由英商同和工程司美籍工程师爱迪克生和达拉斯设计。建筑风格为希腊古典复兴式，现为中共天津市委所在地。

开滦矿务局大楼位于天津市和平区泰安道5号，现为中共天津市委所在地。大楼建于1919—1921年，总建筑面积9 180平方米，大楼坐南朝北，东西为长向，平面呈矩形。外形庄严肃穆，门前设有坡道，高石台阶两侧筑有水磨石古典式花盆四座。

1877年，清直隶总督李鸿章委派轮船招商局总办唐廷枢创建官督商办开平矿务局，资本银120万两（1两=50克）。1900年为八国联军占领，矿务局改属英国商会，更名为开平矿务公司，在香港注册，由英国保护。结果，矿权丧失，变为英商经营的企业。

来到开滦矿务局大楼外，可以看到覆盖大楼前两层的14根高10米的巨柱，这些巨柱和主题建筑结合形成空廊，两边略微突出，并在转角处建壁柱装饰。巨柱的上面为阁楼层的檐部，檐口饰齿状，其造型是欧洲古典建筑形式的代表作，整体看起来高端、大气。

门票信息：免费。

开放时间：全天开放。

交通导航：乘坐公交车643路在湖北路站下车即可到达。

开滦矿务局大楼局部

英国乡谊俱乐部主楼——浓郁古典风格

英国乡谊俱乐部主楼位于天津市河西区马场道188号，建于1925年，是由英国人设计并建造的一幢三层砖木结构的简化古典式建筑。

英国乡谊俱乐部主楼为英商景明洋行设计的，具有19世纪探求新建筑运动中出现的简化古典式风格的建筑。

整座建筑以砖木结构为主体，墙面红砖砌筑，壁柱为方形，廊为砖砌方柱，上有铁栏杆的阳台。楼内装饰工艺也十分考究，设施齐全，下设餐厅、茶室、球房、游泳池和弹簧地板结构的大舞厅，院内有网球场、露天旱冰场、大剧场和餐厅，内院有仿古园林建筑燕园。现为天津市干部俱乐部。

英国乡谊俱乐部主楼

门票信息：免费。

开放时间：全天开放。

交通导航：乘坐公交车827路在劳卫里站下车即可到达。

庄乐峰旧居——外观宏伟 内部典雅

庄乐峰旧居是开滦煤矿及天津英租界工部局董事庄乐峰在天津的私人宅邸，由外籍建筑师薄赫德设计建造，建筑为德国庭院式风格。

　　庄乐峰，江苏丹阳人，早年天津实业界的知名人士，天津英租界华人纳税会董事长。曾任开滦煤矿及旧英工部局董事，并主持发起募捐兴建了天津耀华学校。久居天津。

其在天津的住所位于今花园路10号，建于1926年，占地2 724平方米，建筑面积3 735平方米。由外籍建筑师薄赫德设计建造。目前是天津市文物保护单位和重点保护等级历史风貌建筑。

该建筑坐东朝西，主楼有四层，为德国庭院式建筑。在入口门厅处有衣帽间，第一层设有前厅、客厅、餐厅、卧室以及举办舞会的大厅。二层环绕大厅设有带栏杆的回廊，站在上面可俯视整个大厅的活动。楼的外檐墙饰面采用暖色调，屋顶是仿法国曼塞尔式。整幢建筑构图完整，外观宏伟，室内装饰讲究。

门票信息：免费。

开放时间：全天开放。

交通导航：乘坐公交车37路、702路、830路在中心公园站下车即可到达。

孙传芳故居——北洋军阀首领的宅邸

孙传芳故居是民国时期直系军阀首领之一孙传芳在津几处住宅中最为豪华的一处，是一座别墅式住宅，体现了一种古朴典雅的欧洲折中主义建筑风格。

孙传芳（1885—1935）字馨远，山东历城人，是民国时期直系军阀首领之一。他幼年丧父，家境贫寒，随母亲过着颠沛流离的生活，直至栖身王家（袁世凯部下武卫右军执法处王英楷，袁的姐夫），才改变其穷困的面貌。后经举荐入伍，并考取了日本军士官学校，回国后经廷试为步兵科举人，开始了他的军事生涯。

1911年辛亥革命爆发后，孙传芳受王占元（北洋军阀湖北督军）的赏识，在王的提携下，得以施展才干，倚若智囊，时常充当湖北代表对外接洽公务，有时甚至代表督军检阅师旅施展才干，在湖北大有一手遮天之势。1920年夏，湘军袭鄂，孙传芳率兵迎战，湘军败退，旋即接任第二师师长。同年7月，直皖战争起，皖军战败，孙传芳受命改编皖系残余部队。1924年9月，江浙战争起，孙传芳以闽浙联军总司令名义，出兵援齐（江苏军务督办、苏皖赣巡阅副使齐燮元），挥师北上，直指闽浙，入杭州，大败卢永祥，并收编其5个师的兵力，被曹锟政府任命为闽浙巡阅使兼浙江军务督理，1925年授恪威上将军勋章。但在直奉战争中，奉系上位，孙随即转投奉系，后又拜入段祺瑞的门下。1925年10月，孙传芳成立浙、闽、苏、皖、赣五省联军，自任总司令兼江苏总司令，成为直系军阀最有实力的首领，趾高气扬，睥睨一切。这一时期是他一生中最得意的时期。1926年夏，国民革命军开始从广东誓师北伐，6月4日张作霖在皇姑屯被日本人炸死，孙军退缩在冀东滦州一带，后由阎锡山派人收编，孙传芳逃往沈阳，投奔张学良，寄人篱下，以待时机。1928年12月29日，张宣布东北"易帜"，接受南京国民政府领导。孙建议张学良固守东北，以图东山再起；至1930年，阎、冯倒蒋，爆发了中原大战，孙传芳又劝张与阎、冯采取一致行动。张不仅不从，反而出兵助蒋。至此，他依奉再起之迷梦彻底破灭。

孙传芳故居

　　"九一八事变"后，孙传芳隐居天津，与靳云鹏等在天津居士林"皈佛诵经"。曾多次拒绝日本人拉拢，并言道："死于同胞之手，比当汉奸卖国贼苟活强上千倍。"1935年11月13日被施从滨之女施剑翘枪杀于紫竹林清修院居士林，终年51岁。

　　孙传芳在天津的宅邸位于天津市和平区泰安道15号，建于1922年，占地面积3 700平方米，是他在津几处住宅中最为豪华的一处。砖木结构，二层楼房。分前楼、后楼两部分。两楼连接处有大玻璃窗。入口为条石台阶，立有四根爱奥尼克石柱。缓坡式屋顶，窗形各异，屋脊中央有盔帽式的小穹顶凉亭，体现出一种古朴典雅的欧洲折中主义建筑风格。室内装饰豪华。该故居现为天津市计划生育委员会使用，被列为天津市文物保护单位。

门票信息：免费。

开放时间：全天开放。

交通导航：乘坐13路或953路在泰安道站下车。

中心公园——法式人工园林

中心公园位于和平区中心地带，环状花园路将其围在中间。该园占地1.27公顷，呈圆形，是典型的法国园林。园中心建有一座西式八角双柱石亭，周围是绿茵茵的草坪，龙爪槐、白蜡、西府海棠、木槿等植物众多，还设有儿童游乐场等，是休闲娱乐的好去处

中心公园由法租界当局所建（1917—1922年），故又称法国公园，是典型的街心公园。其内的代表性建筑为花园中心的六角石亭，后改为八角亭。整个公园正是以这座石亭为中心，向四周扩展，并在扩展道路之间形成不同造型的园林小区域。这些小区域内蜿蜒曲折，小桥流水，绿树成荫。环状花园路将其围在其内。

日本侵华战争爆发后，随即占领了天津，同时也将天津的这座法国花园纳入其内，并改为中心花园。直到抗战胜利后，公园才再次回到中国人的手中，由国民党接管。当时的国民党当局为了巴结美国，即以美国的总统之名命名为罗斯福花园，以感谢美国对其的"援助"。新中国成立后，人民政府多次拨款对千疮百孔、面目全非的花园进行全面整修，并正式命名为中心公园。此后中心公园又经历几次破坏——重修——破坏——重修，终于成为今天我们看到的多功能花园。

园内种植了以西府海棠、龙爪槐、木槿、白蜡等乔灌木，和以月季花为主的植物。建有对称假山两座、梅花喷泉一座，有两处儿童车场和儿童综合游乐场，1988年建百花厅一座，1995年，院内敬立了吉鸿昌将军青铜塑像一尊。

游人来到这座集休闲、娱乐于一体的公园，很快便忘记了城市的喧嚣和纷扰。置身其中，流连忘返。

吉鸿昌将军青铜塑像

中心公园景色

门票信息：免费。

开放时间：6：00—21：00。

交通导航：乘坐830路、851路（区间）、851路等公交在中心公园站下车即到。

仓门口教堂——中国人自办的基督教会

仓门口教堂是天津一所历史悠久的重要教堂，位于天津旧城中央的鼓楼东侧，曾是天津第一个由中国人自办的教会活动场所。

　　天津老城鼓楼东侧，有一座古老的建筑没有拆，这就是仓门口教堂。这座教堂，曾是天津第一个由中国人自办教会的活动场所。它记录和见证了天津百年来基督教传教的历史。

仓门口教堂外观

19世纪末20世纪初，全国范围内兴起了独立办教会的思潮。仓门口教堂的建立，就是受到当时这种思潮的影响。

1910年，天津教会名流杨宝慈倡议，正式创办天津基督教自立会。此时的卫理公会牧师山嘉利表示愿意将仓门口处教堂出让给自立会。自此，仓门口教堂立起的匾额写有"中华基督教会——华人自立"。该会选举张伯苓、张葛孙、许静斋、陈浩然等为董事，张伯苓出任董事会会长。自此，天津第一个基督教自立会正式成立，为华北各地开创了自立教会的先河。

1920年在仓门口自立会成立10周年的时候，信徒人数有600余人，教会的负责人中，张伯苓和宋则久在当时的教育界和工商界享有盛誉，他们的"教育救国"和"实业救国"的主张在民众中有很大影响。

仓门口自立会没有固定的会费，经济来源主要靠信徒的"奉献"。"十一奉献"是《圣经》中阐发的教徒应该担当的义务，就是教徒要将自己收入的十分之一奉献给教会。收取奉献的时间一般是在做礼拜时，由数名信徒捧着奉献箱到参加礼拜者面前收取。另一种是教会在教堂门口放置一个奉献箱，由来堂者自由投入。这部分收入足敷日常的水电煤柴、堂役薪金和各种救济活动之用。如遇有教堂及附属设施的修缮和创建等项目，则仰仗教内外社会官绅的大宗捐款，当年以张伯苓、宋则久和郭砚田的捐款最多。从1914年起，教会每月到南开账房从张伯苓的私人收入中领取10块大洋，直到1937年卢沟桥事变南开大学遭到轰炸为止。据说张伯苓的家居非常简陋，就住在西南角的普通平房内。宋则久则为天津商界巨子，创立了抵洋的著名品牌，创建了中华国货售品所。郭砚田是天津县仓镇人，少时读过5年私塾，后来做了华福益布铺的经理，因病赋闲在家，多年义务担任仓门口教会的长老兼执事会的主席。

　　其后信徒们将仓门口教堂的房产购买过来，并于1934年重新建造成新的教堂，即今天我们所见到的仓门口教堂，总建筑面积1 126.94平方米。新落成的教堂可容教众400余人。另临街建布道用副堂一座，可容百余人。

门票信息： 免费。

开放时间： 全天开放。

交通导航： 乘公交车635路、651路、652路、657路、855路、863路、865路可到达。

吉鸿昌旧居——主人抗日活动的地点

吉鸿昌旧居又称"红楼"，是中国抗日将领吉鸿昌在天津从事革命活动的重要地点。

吉鸿昌旧居始建于1917年，位于和平区花园路5号，又名红楼，是吉鸿昌烈士在天津进行抗日活动的住所。

这座遗留的旧居为二层砖木结构楼房、局部为三层（设有地下室），总建筑面积1 000余平方米，共有楼房11间，平房2间，楼过堂2间。外立面为清水红砖与混水装饰线，红瓦坡顶。整个建筑的设计颇具欧洲民居的建筑风格。

爱国将领吉鸿昌于1932年至1934年间曾寓居此处，在国难当头的时候，曾任宁夏政府主席的他和冯玉祥等组成抗日同盟军，并亲任前敌总指挥。1934年在天津饭店被捕，后被秘密杀害。此后他居住过的这幢小楼，曾一度是进行抗日活动的地点。现被天津和平医院使用。

门票信息： 免费。

开放时间： 全天开放。

交通导航： 乘坐公交车900路在渤海大楼站下车即可到达。

吉鸿昌旧居

孙殿英旧居——孙殿英在天津的办事处

孙殿英旧居（现为长芦盐务局所在地）坐落于睦南道20—22号，建于1930年，是原国民革命军第六军团十二军军长、冀北民军司令、新编第五军军长孙殿英在天津的住所。

孙殿英又名魁元，河南永城人，早年寄身绿林，后投靠张宗昌。1927年被蒋介石收编，任第六军团十二军军长。1928年以军事演习为名掘开清东陵慈禧太后等墓穴，将珠宝盗窃一空。1947年4月在河南汤阴被人民解放军俘获，不久病死。

他在天津的这座旧居建于1930年，是孙殿英以其姨太太的名义购置的住宅，同时也是孙殿英设在天津的办事处。该楼为三层砖木结构，外观高大舒展、富丽堂皇、错落有致，别具一格，内部装饰古朴典雅，整幢建筑具有西洋古典风格，颇为豪华气派。

门票信息： 免费。

开放时间： 全天开放。

交通导航： 乘坐4路公交车可以到达。

孙殿英旧居

曹禺故居——一代大师曹禺先生的住处

曹禺故居是我国杰出戏剧家曹禺在天津的住所。曹禺于1922年入南开中学，1928年升入南开大学，1930年转入清华大学，1933年他的处女作《雷雨》问世，震动了当时的戏剧界。

曹禺原名万家宝，字小石，是中国现代最杰出的戏剧家之一，主要著作有《雷雨》《北京人》《日出》《原野》等，被称为中国的"莎士比亚"，在戏剧界享有盛誉。而他的父亲万得尊是"著名的北洋政府"总统黎元洪的秘书。他的父亲在其工作地——天津，买下了租界28号的房产（天津市河北区民主道23号、25号），就是今天我们要介绍的曹禺的故居。

该楼建筑为意式风格，始建于民国初年。由两座小楼组成。原来有回廊接通，现在已经分成独立的两座楼。隔墙西望就是曹锟的住宅。曹禺的童年、青年时代就是在这里度过的。这里也是他艺术生涯的起点，正是这段时光和这幢小洋楼里"终日弥漫着的忧郁、伤感的环境，熔铸了一个苦闷的灵魂，使他早早地就开始思索人，思索人生，思索灵魂"。著名话剧《雷雨》就是在此完成的。而他在著作中塑造的很多形象生动的人物都似乎隐藏着他童年的影子。

后来这里更换了几次主人。直到2010年9月22日，在大师诞辰百年之际，曹禺故居纪念馆隆重揭幕。这是天津文化大发展大繁荣重点项目之一，是天津人民文化生活的一件大事，在全国也产生了重要的影响。

门票信息： 免费。

开放时间： 9：00—16：00（周一闭馆）。

交通导航： 乘坐8路、640路、841路、868路、901路公交车可达。

　　如今，这座故居被改造成为纪念馆。馆前铸有曹禺先生的铜像。曹禺故居纪念馆是两幢暗黄色意式小洋楼，一幢为曹禺故居博物馆，一幢为新建的"曹禺戏剧生涯纪念展"，不仅展出了大量介绍曹禺生平事迹的图片、书信、手稿、出版物和实物，还辟有多间小剧场、音像馆和报告厅，功能多样，动静结合，是全面解读曹禺艺术思想形成过程的绝佳平台。

曹禺旧居外观

曹禺先生的铜像

利华大楼——富于历史感的摩登时尚

利华大楼是由瑞士籍犹太人李亚溥出资、法国人设计并建造的一幢办公兼公寓式大楼，其建筑立面和建筑结构均代表了当时最先进的水平，是天津近代建筑代表作之一。

李亚溥于1925年来到天津，两年后开办利华洋行，经营钟表、珠宝、钻石等，获利颇丰，后转向押当、人寿保险。后又成立利华放款银行、利华储蓄人寿小保险公司、利华房地产公司，不久又购进位于英租界中街的土地（今天津市和平区解放北路），建起这座办公兼公寓式大楼，命名为利华大楼。

利华大楼是以西方传统为主，中国传统为辅而建造的，形成了一种富于历史感的"摩登"时尚。建筑面积为6 000多平方米，整座大楼共有十层，平面呈凸字形，与东、西配楼围成方形庭院。里面基础设施齐全，且装饰豪华。主楼底层设营业厅、经理室、门厅等，以上到八层为止装成高级公寓，其上两层便成为了李亚溥的住宅。

作为天津近代高层建筑的典型范本，利华大楼几乎囊括了西方复古主义时期及新艺术运动初期各国典型的建筑风格，且与近旁的复古主义建筑和谐相处，达成了某种形式上的对话。

门票信息： 免费。

开放时间： 全天开放。

交通导航： 乘13路、96路、953路、823路、观光1路在大连道站下车即可到达。

利华大楼

汤玉麟旧居——逃跑将军曾经驻足之地

汤玉麟旧居位于天津市河北区民族路38号，建于1912年，是一座具有典型意大利文艺复兴时期风格的三层楼房。

　　这是一座气势宏伟、装饰豪华的意大利古典式建筑。是北洋政府交通总长吴毓麟建于1912年的一所高级公馆，1930年卖给汤玉麟。

汤玉麟旧居外观

这里所说的汤玉麟曾是张作霖的把兄弟，字阁臣，为奉系的一个军阀头子。后拥护蒋介石。曾任东三省巡阅使署中将顾问、师长、都统、热河省主席。九一八事变后，日军进攻热河，汤玉麟一枪不发，失地逃跑，逃居天津。

他在天津的这座住所外貌雄伟壮观，整个设计突出了意大利文艺复兴时期的特征与风貌，内外墙突出巴洛克装饰风格，具有典型的西欧建筑特色。毛石基础，机砖墙身，部分花岗石砂浆罩面，布局对称，屋顶平衡，罗马柱式，覆碗形拱券。楼房整体并排两部分，楼内装饰极为华丽，犹如一座富丽堂皇的西方宫殿。左为二层客宾楼，一层前部突出一弯形拱券，建有露台，房间布置设有大厅、舞厅、餐厅、休息厅；右为三层居住楼。楼前大台基设有汽车通道。房间布置有客厅、书房、卧室、浴室等。院内工字砖铺地，地面宽阔，建有传达室、警卫室、下房等。这在当时是很高贵的，至今仍很有特色。现在这里是天津市工商行政管理局所在地。

作为一处代表性的历史文化建筑景观，汤玉麟旧居也经常被影视剧组选中，作为拍摄的外景地。见到这座老建筑的人，都会对那出众的外观留下深刻的印象。

门票信息： 免费。

开放时间： 全天开放。

交通导航： 乘坐612路公交车在胜利站下车即可到达。

顾维钧旧居——民国第一外交家的居所

顾维钧旧居是中国著名职业外交家顾维钧在天津的住宅，建于1921年，是一所三层带地下室的古典洋楼。

　　顾维钧，上海嘉定人，中国近代著名外交家。1912年入北京政府任职，1918年作为中国代表团成员参加巴黎和会，当时的北洋政府态度暧昧多变，中国代表团内部勾心斗角，在这样的特殊背景下，顾维钧毅然挑起和谈的重任，在所有艰苦的努力都失败之后，他毅然拒绝在不平等和约上签字，维护了国家的尊严。在50多年的外交生涯中，他先后担任过中国驻美、英、法使节及派驻国际联盟和联合国代表，还曾任北京政府外交总长、国务总理和南京政府外长，出席过巴黎和会和旧金山会议，参与创立国际联盟和联合国。1967年，顾维均从海牙国际法院副院长的职务上退休。

　　而这个被称为"民国第一外交家"的人物就曾在天津居住过，他在那里的住所位于今天的和平区河北路267号，是1921年顾维钧以顾少川名义于天津英租界工部局购得土地1 372平方米并建造成一所三层带地下室的古典洋楼。主楼三层，砖木结构。底层6间2厅，从门厅进入大厅，内有大壁炉，靠窗有固定坐椅，旁有书房、餐厅、花厅等，厅外有大平台。二、三层为卧室、卫生间。建筑立面为红砖墙。窗子与拱券相结合，门前一对巴洛克式麻花形柱，端庄典雅。该楼现为国民党革命委员会天津市委员会使用，被列为天津市文物保护单位。

门票信息： 免费。

开放时间： 全天开放。

交通导航： 乘坐公交车871路在环湖医院站下车可到达。

　　这座顾维钧旧居不仅藏有关于顾维钧的各种中外书籍，还有大量顾维钧使用过的实物，譬如他的制服、礼帽、佩刀、文具，他获得过的各种荣誉证书和批注的文件，以及收藏的纪念品等。还有顾维钧的大量照片，从他叱咤风云的年轻时代，一直到晚年的生活，在照片中都得到了展现。

顾维钧旧居外观

顾维钧

袁氏宅邸——袁世凯在天津的旧宅

袁氏宅邸是袁世凯在天津的旧居，建于1918年，是委托德国和英国建筑师设计建造的一幢德式外观的小洋楼，红色的陡坡屋顶，扣钟状的采光亭，极具欧洲古典情调。

袁世凯是近代历史上"显赫一时"的人物，他是北洋军阀头子，是窃国大盗，是卖国贼，等等。总之，人们对他的评价归结于贬斥，这也说明了其在中国的名声和"地位"。辛亥革命后，其窃取了临时大总统的职位，后来又因恢复帝制而受到民众的声讨。但这些似乎并没有影响到袁世凯及他的一些亲族，他们借助袁世凯所拥有的势力，以权谋利，在租界内建造多处公馆。而其中一处就是位于金汤桥和北安桥之间的海河东岸的"袁氏宅邸"。这座造型优美、参差错

袁氏宅邸外观

楼的局部

落的红顶小楼，作为海河边的天津一景，令人心驰神往，给人以美的享受。

作为一座欧洲古典式三层楼房，"袁氏宅邸"是中世纪"罗马风格"的演变，融合了日耳曼民族的建筑手法，红色的陡坡屋顶正脊中间建扣钟状式采光亭，系仿意大利文艺复兴早期"圣玛利亚大教堂"穹顶建造，而外形又比意式建筑增加一道反向曲线，形成德国建筑的独特风貌。门廊方柱与圆柱相结合，在天津建筑中颇为难得，主楼东侧二楼上有拜占庭风格的小尖穹顶与塔楼相互映衬，为德国民族建筑风格。院内亭台楼阁、假山一应俱全。

最值得一提的是，这幢楼内建有"隐身处"和"脱身处"。隐身处的位置是在二楼右侧拐角处有一个小门，门内有钢筋混凝土楼梯，上可到楼顶，下可直通地下室。若关上小门则找不到上楼和通往地下室的楼梯。"脱身处"是在三楼凉亭旁设有一铁楼梯，可直通后花园余门，从此门可脱身逃跑。此外，在这幢楼的二、三层之间还专门设计了一间八角形房屋，几面窗户都朝海河，无论潮涨潮落，河水都好似往八角楼里流，象征无数财源流入袁家。

然而这样一座"贵不可言、风水极佳"的宅邸，袁世凯却无缘入住。据说当时他的族亲袁世海从奥租界购得后委托德国和英国建筑师设计建造，总计历时两年才得以完成，"袁大总统"没来得及入住就离世而去。

门票信息： 免费。

开放时间： 全天开放。

交通导航： 乘坐公交车681路在望海楼站下车可到达。

李吉甫故居——近代优秀建筑之一

李吉甫为英商仁记洋行的买办，其故居建于1918年，为二层带地下室的砖木结构建筑。整体建筑造型新颖别致，内部装饰豪华，是一座采用古典主义手法建造装饰的近代优秀建筑。

李吉甫故居位于和平区花园路12号，占地5 429平方米，其建筑面积为4 891平方米，由乐利工程司瑞士建筑师陆甫设计，是一座仿英庭院式楼群。主楼建于1918年，系砖木结构，二层带地下室。现为和平区人民政府使用。

李吉甫是英商仁记洋行的买办，他的住宅兼有东西方的建筑特色，外檐以红砖清水墙为主，正门入口的门廊，由三个连续拱券组成，券下有圆形透孔花饰，庭院的中央有座喷水池，四角设大花坛，整个建筑格局豪华气派。楼内有卧室、客厅、餐厅、书房、卫生间等，每间房间都铺设了木质地板，窗明几净，十分通透。主楼外四周院内有花木绿地，南侧为铁花栏杆的院墙。这所四周临街的大宅院造型典雅，环境清幽，充满豪华气派，是一座用古典主义手法建筑装饰的近代优秀建筑。

门票信息： 免费。

开放时间： 全天开放。

交通导航： 乘坐37路、702路、830路公交车在中心公园站下车即到。

李吉甫故居

第 3 章

古韵悠悠　庭院深深

天津鼓楼——天津卫三宗宝之一

天津鼓楼位于城中心，是在天津设卫筑城时修起来的。距今近500年历史。名为鼓楼，实为钟楼。

　　天津鼓楼是天津卫三宗宝之一，位于天津旧城中心，名为鼓楼，实为钟楼。始建于清弘治六年（1493年）。有人说，现在的天津市就是以鼓楼为中心，向四周不断扩张而形成的，所以声称"鼓楼" 是天津市的发源地。

天津鼓楼

话说明朝时期天津设卫筑城，当时山东兵备副使刘福将原来的土城固以砖石，并于城中心十字街处建鼓楼。楼高三层，砖城木楼，楼基是砖砌的方形城墩台，四面设拱形穿心门洞，分别与东西南北四个城门相对应。鼓楼城台建有木结构重层歇山顶楼阁，上层楼内悬大钟一口，约两吨，铁铸，为唐宋制式。大钟初用以报时，以司晨昏，启闭城门，早晚共敲钟108响。鼓楼北面有清代天津诗人梅小树撰写的一副抱柱联："高敞快登临，看七十二沽往来帆影；繁华谁唤醒，听一百八杵早晚钟声"。而清末的另一位天津诗人周楚良在一首竹枝词里写鼓楼撞钟的景况却说："本是钟楼号鼓楼，晨昏两度代更筹。声敲一百单零八，迟速锅腰有准头。"原来守鼓楼的是一位驼背的老人，他每日早晚两次敲钟，每次各敲五十四响，作为城门晨昏启闭的信号。

但是到清光绪年间，八国联军进入天津，城墙被拆除，鼓楼幸存下来作为瞭望台。民国时期，鼓楼得以重建，把鼓楼四个城门的名称"镇东""定南""安西""拱北"，请书法家华世奎书写，并重书了梅小树的对联。楼顶大梁上覆以绿瓦，焕然一新。天津解放后，由于城市发展，鼓楼遂被拆除。

如今的鼓楼于2000年重建。新建的鼓楼位于天津老城区中心，高27米，主体为钢混结构，砖城木楼，为明清建筑风格。重建的鼓楼与新建的商业街为明清风格的仿古建筑。青砖瓦房，碧瓦丹楹，雕梁画栋，商铺林立，是一道天津传统文化韵味十足的风景线。

门票信息：免费。

开放时间：永久开放。

交通导航：乘公交635路、651路、652路、657路、855路、863路、865路公交车可到；或乘地铁2号线(东南角方向)在鼓楼站下。

石家大院——曾经的豪门宅邸

石家大院位于千年古镇杨柳青，始建于1875年，至今已有130多年的历史，是一处有"华北第一宅"之称的晚清民居建筑群。它是清代津门八大家之一石元士的旧宅，其建筑结构独特，砖木石雕精美。

要领略大院文化，不必大老远跑到山西去，在天津西郊杨柳青镇，就有一座规模宏大、建筑精美的大院——石家大院。

石家大院正门

戏楼

大院局部

院墙

　　石家大院位于千年古镇杨柳青，建于清光绪年间，原是津门富绅石万程四子石元士的宅邸。杨柳青石家，从清代中叶到民初，其财力号称津西首富，名列天津八大家之一，财势显赫，闻名遐迩。因此宅院造得富丽堂皇，砖木石雕极尽精美，有"华北第一宅"之称。著名的表演艺术家，有"话剧皇帝"之称的石挥就是石家的后代。

　　这座石家大院历时两年完成主建筑后，又不断增扩、拆改，直到1923年石家迁走，前后累计建设近50年，才建成一座占地6 000多平方米、院落15进、房屋278间的大型宅邸。石家迁走后，大院开始衰败，国民党时期曾多次在院内驻军，任意拆改破坏，经过"文革"浩劫，大院已面目全非。直到1987年开始修复，历时6年，投资560万元，于1992年作为杨柳青博物馆对外开放。

　　新建成的石家大院堂院坐北朝南，由大、小四进院落组成。东院是三套四合院，为长辈及各房子孙居所；西院建客厅、戏楼和佛堂，是会客、娱乐、祭祀之所。值得一提的是，石家大院内的石府戏楼是中国北方最大的民宅戏楼。大院建筑用料考究，做工精细，砖雕木刻形式多样，常用"福寿双全""岁寒三友""莲荷""万福""连珠"等喜庆吉祥图案。

　　1992年石家大院被辟为天津杨柳青博物馆，是展示清代民居建筑艺术及北方传统民俗文化的专题型博物馆。馆内汇集了民间工艺的精华，展有名扬中外的杨柳青年画简史陈列、天津砖雕陈列、天津民俗陈列、石府复原陈列四部分，集中了博大精深的民族文化和古朴自然的民间风俗。这里也因其馆藏丰富，艺术精美，吸引了众多海内外人士前来游访。

　　石家大院东侧便是杨柳青民俗风情旅游街(明清街)，街区内为仿清代建筑群、典雅气派的古戏楼、气势恢宏的光明大殿、宽阔整洁的民俗文化广场、各式古香古色的店铺。街内建筑的廊柱、飞檐、翘角及绚丽细腻的彩绘尽现古镇古街的风采。游客可在此购买到杨柳青年画、风筝、剪纸、泥塑及各地特色工艺品和旅游纪念品。

　　石家大院虽是我国传统民居建筑文化遗产中的一块瑰宝，但是目前仿佛还处在"养在深闺人未识"的阶段。

门票信息：27元。

开放时间：9：00—17：00。

交通导航：可从天津西站乘153路公交车直达；也可乘158路、175路、672路等公交车直达。从天津站乘坐824路汽车（途经百货大楼、南市食品街）可直达。

杨柳青古镇——北方著名的艺术之乡

杨柳青镇历史沉积久远，文化底蕴深厚。它是一座将传统与现代近乎完美融合的现代化城镇，这里完整地保存着古镇风貌，萃聚了中国北方悠远的民俗文化。

"这里历史沉积久远，文化底蕴深厚，曾是南北漕运枢纽码头，商贸集散地。自金代建镇始，历经元、明、清、民国至今，已过千年。明清时期，它是运河漕运重要枢纽，是中国北方商贸流通和文化交流集散地，商业繁荣，被誉为北国小江南、沽上小扬州。"它就是杨柳青镇，初名"流口"，后复名"柳口"。

1214年，金设柳口镇，为该镇行政建置之始，元末明初更今名。清代之前，杨柳青镇先后隶属章武、平舒、鲁城、武清、静海、天津等县，民国时期隶属天津县，新中国建立后，先后隶属河北省、河北省天津专区、静海县、天津市南开区、天津市西郊区。这里历史文化遗存众多，现存有明万历四年所建的国内保存最完好的明代楼阁式建筑——文昌阁。还有杨柳青赶大营第一人安文忠建于130年前的安家大院，闻名遐迩。

悠久的历史造就了杨柳青古镇丰富的民间艺术，始于宋代、兴于明代、盛于清代乾隆年间，其中最著名的当属杨柳青木版年画，曾出现"家家会点染，户

杨柳青古镇风情街　　　　杨柳青御河景观　　　　杨柳青木版年画

户善丹青"的兴旺景象,被推崇为中国木版年画之首,深刻影响了国内近百种年画,过年贴年画由此成为北方地区的习俗。杨柳青剪纸、风筝、砖雕、石刻和民间花会也灿然可观,是中国的民间艺术瑰宝。

不仅如此,这里的民俗文化气息也十分浓郁。小镇旧有戏楼、牌坊、文昌阁,称为杨柳青三宗宝。还有清代津门著名的崇文书院及古寺院40余座,现尚存普亮宝塔、报恩寺、白檀寺遗址等,以及位于镇中1875年建成的,有着华北第一民宅之称的石家大院。石家大院以其规模宏大、建筑华美而驰名华北。这些文化遗址与古朴的清代街衢、四合宅院、古运河风光共同构成了杨柳青淳美的风俗画卷。

"渤海之滨有名城,千年古镇杨柳青。京杭运河到柳口,柳口当年沐皇恩;炀帝杨柳十万株,历代繁衍到如今。白翁放歌《隋堤柳》,千里绿影至淮东;吴子赋诗莲花白,津鼓开帆几长亭。康乾盛世开漕运,酒肆林立百业兴。家家渔牧增喜讯,户户丹青画吉祥。杨柳依然时代迁,今朝古镇更好看。君不见,运河清波映杨柳,石家大院名神州;柳叶岛上忙垂钓,柳口绿带落彩虹。明清古街景色新,西青广场占鳌头。工农商贸齐发展,小区规划竟风流。古时繁华与今比,逊色十万八千里。望未来,展宏图,鲲鹏万里杨柳青。"这是对杨柳青的客观描述。它的历史和成就奠定了其在中国北方历史名镇的地位。

门票信息: 免费。

开放时间: 全天开放。

交通导航: 乘坐公交车153路、175路、669路、672路、824路等公交车可以到达。

广东会馆——去这里看场戏

天津的广东会馆位于天津老城中心，南开区南门里大街。广东会馆馆址于清光绪三十三年（1907年）正月正式落成，由当时的天津海关道唐绍仪倡议修建，是广东旅津人士设立的集会、寄寓机构。它是天津市规模最大、装修最精致的清代会馆建筑。现已辟为天津戏剧博物馆。

　　位于天津旧城鼓楼南的广东会馆是天津市至今保存最完整、规模最大的清代会馆建筑。现已辟为天津戏剧博物馆，位于天津老城中心，南开区南门里大街。始建于清光绪二十九年（1903），光绪三十三年（1907）竣工，由时任天津海关道唐绍仪、怡和洋行买办梁炎卿等人发起倡议，旅津广东客商共同集资9万两白银建成，1985年进行大修，并在此基础上成立了全国第一家集戏剧文物、史料收集、保管、研究、宣传于一体的专题性博物馆——天津戏剧博物馆。1986年元旦正式对外开放，由邓颖超同志题写馆名，曹禺同志担任名誉馆长。

广东会馆门口

会馆内部布置

天津戏剧博物馆设在广东会馆（1903—1907年建)内，建筑面积2 300多平方米。会馆前为门厅和四合院，后为主体建筑歌舞台，台口无柱，台顶悬臂平伸，台面70多平方米。楼上楼下可容400～600人，三面供观众观看演出，不挡视线，不用任何扩音设备就能把音响传到戏楼的各个角落。彩绘和木雕装饰独具风格，融南北技艺于一体，是全国稀有的中国传统古典戏楼。

天津广东会馆既体现了我国岭南的建筑风格，又融合了北方四合院的特点，是中国罕见的木结构建筑艺术珍品。保留下来的建筑由四合院、拜师堂、戏楼等部分组成。外围青砖灰瓦，建筑风格兼容我国南北特色，四合院内正厅、配房均出卷棚顶前廊。主体建筑古典式戏楼以它的空间跨度大、设计巧妙和装饰精美，成为我国古典剧场中的佼佼者，其舞台口不设柱与起着保持原声扩音作用的穹顶藻井堪称一绝。著名表演艺术家孙菊仙、杨小楼、梅兰芳、荀慧生、红线女等人均曾在此登台献艺。1912年伟大的革命先驱孙中山先生就曾经两次来到这里并发表著名演讲；1919年邓颖超与所在的天津爱国女界同志会为难民募捐在此演出话剧；1925年天津总工会也在此成立。

目前有"中国戏曲发展简史""中国京剧发展简史""中国戏曲艺术人物造型"三个展览和"拜师堂""中国古典剧场"两个陈列在戏剧博物馆内长年展出，现藏有全国各地戏剧名家文物、资料等1 000余件。天津戏剧博物馆拥有全国首座"戏剧音像资料文库"，藏有全国戏剧剧种90余个，录像资料6 000余盘（套），为社会提供普及戏剧知识、查询戏剧音像资料、欣赏戏曲演出等服务。广东会馆和戏剧博物馆优势互补、交相辉映，将历史文物建筑和中华民族瑰宝——戏剧文化融为一体，多角度地呈现给观众。

会馆还是一处革命活动纪念地。1912年孙中山和黄兴曾登台演讲；1919年邓颖超在此演出新剧募捐救灾款，为女难童补习文化，宣传"五四"精神；1925年共产党人安幸生在这里组织天津的纺织、印刷、油漆、海员等20多个工会，成立天津总工会，领导海员工人大罢工，支援"五卅"运动。

　　会馆举办的"天津戏剧陈列"，展示了上起汉代的乐舞百戏，下至当代天津舞台的新貌。展出有尚小云戏班用过的清代"升平署"戏装、戏神、道具、戏规、照片、唱片、泥人、模型等戏剧文物以及书籍资料、国际交流纪念品等1 000多件。在陈列中，与刘赶三、李叔同等天津籍有影响的著名导演、表演家、舞台美术工作者以及津门茶园和戏院等有关的展品占有突出的地位。

门票信息： 10元。

开放时间： 9：00—11：00；14：00—16：30。

交通导航： 乘15路、25路、37路公交车可达。

庆王府——深院锁春秋

推荐星级：★★★

庆王府原为太监张祥斋（即小德张）寓所。1925年清室庆亲王奕劻之子载振购得此寓所，并在这里度过晚年，故世称"庆王府"。

　　庆王府，位于天津市和平区重庆道（原英租界剑桥道）55号，始建于1922年，地处天津市历史风貌建筑最集中的"五大道风貌保护区"，为天津市文物保护单位和天津市特殊保护级别的历史风貌建筑。庆王府原为清末太监大总管小德张（张兰德）亲自设计、督建的私宅，历时一年，于1923年建成，在原英租界列为华人楼房之冠。1925年，清室第四代庆亲王载振从小德张手中购得此楼，后举家迁入，因而得名"庆王府"。

　　载振是奕劻的长子，依靠父荫，曾任清廷的农工商部的尚书，光绪二十八年受任为英皇加冕典礼专使，出使英国，极一时之荣。但骄奢淫逸的载振，肆意妄

庆王府正门

王府室内景致

为,光绪三十三年奉旨去吉林督办学务时,因接受直隶道员段芝贵为求得黑龙江巡抚之职而献上女伶杨翠喜的丑闻暴露,被御史参奏,被迫引退。

1917年,第三代庆亲王病逝,卒年80岁。照例应由长子载振承袭庆亲王爵衔,但其时已是辛亥革命之后,清廷已垮台,没有皇帝颁发钦命了。可笑的是,当时是黎元洪继袁世凯之后做中华民国大总统,这位民国大总统竟发布一道命令:"清宗室庆亲王奕劻因病出缺,所遗之爵,本大总统依待遇清皇族条件第一项,以伊长子载振承袭罔替。"于是在中华民国时期又出现了第四代庆亲王。若不是冯玉祥将军将溥仪逐出紫禁城,这个第四代的庆亲王还不会跑到天津作寄寓的"王爷"!

庆王府是一所中西合璧的三层楼房,楼房及附属平房共94间,占地4 385平方米,总建筑面积5 085平方米。载振买过来又加盖了一层。其立面二层外用类似爱奥尼克柱围成柱廊,栏杆用黄、绿、紫三色相间的六棱琉璃柱围成。平面为长方形,中央为方形大厅,设一座可拆卸的小戏台。一、二层大厅周围有列柱式回廊,四周为居室,各厅之间木雕隔段,顶棚有精美雕饰。第三层的八间房是供奉祖先的影堂。院内有大花园,设假山、石桥、亭子,景致宜人幽雅。大厅内,上悬御赐的"宝胄藩厘""徽猷翊赞""天赐纯嘏"等匾额,下设小型戏台和宝座,布置华丽,古色古香。大厅内还悬挂着康熙皇帝御书白居易诗句

门票信息: 免费。

开放时间: 9∶00—17∶00。

交通导航: 乘4路、619路、871路、906路、954路到重庆道站下;或乘3路、20路、97路、600路外环、629路、643路、652路、673路、693路、840路、842路、846路、847路、871路、904路、962路、机场专线4路到湖北路站下。

的大条幅，诗为："地僻门深沙送迎，披衣闲座养幽情，秋庭不扫携藤杖，闲踏梧桐黄叶行。"载振就是在这楼内锦衣玉食，吸鸦片，玩花鸟，度过晚年生活，1947年11月2日逝世。

近百年的岁月中，庆王府历经了数次更迭与变迁，灰色的石质高墙，黑色的欧式铁门，尽职尽责地锁住了这座院落内的沧桑。如今，这座昔日的王府已作为天津市人民政府外事办公室的办公地，虽然时过境迁，却风采依旧。

李叔同故居——瞻仰一代宗师

推荐星级：★★★

李叔同故居是为了纪念中国近代文化先驱、一代高僧弘一法师（李叔同）而修建的。故居为清代建筑风格，占地面积1 400平方米，由四组院落、60间房屋组成，传统砖木结构，呈"田"字形格局，环境典雅，凝重而庄严。

李叔同故居位于河北区粮店街62号。这座清代建筑距今已有150余年的历史，由四套四合院组成，平面呈田字形，有房60余间，占地1 400平方米。院内建有游廊和小花园，室内陈设精致，环境幽雅。青灰色的砖墙、朱红色的门窗，凝重而庄严，李鸿章题写的"进士第"匾额，彰显着李家显赫的地位与身份。在宅院里有一西式书房，取名"意园"，是李叔同1910年从日本学成重返故里时修建的，以示一展宏图的意愿。

李叔同（1880—1942），学名文涛，字叔同，即著名的弘一法师，天津人，是中国近代新文化运动的先驱，同时也是享誉海内外的佛教高僧。他集诗词、书画、篆刻、音乐、戏剧、文学于一身，在多个领域开创了中华灿烂文化艺术之先河。他是中国第一个话剧团体"春柳社"的主要创始人，中国话剧的奠基者；中国最早介绍西洋画知识的人，第一个聘用裸体模特教学的人；是向中国引入西方音乐的先驱，中国第一本音乐期刊——《音乐小杂志》的独立编辑和出版者，中国第一首多声部音乐作品的创作者，国内最早使用五线谱作曲者之一，由他填词的歌曲《送别》至今广为传唱，经久不衰。他的书画和诗词等艺术成就卓越非凡；书法"朴拙圆满，浑若天成"；篆刻艺术独树一帜，并亲手创建了著名的治印团体"乐石社"。他以卓越的艺术造诣，先后培养出丰子恺、潘天寿、刘质平、吴梦非等一批享负盛名的画家、音乐家。

但就是这样一位具有卓越成就的人物，却于1918年在杭州披剃为僧，法名演音，号弘一。出家后，他精研律学，弘扬佛法，教弟子"念佛不忘救国""忘己济群生"，并使国内中断了700多年的"南山律宗"得以复兴光大，被佛门尊为律宗第十一世祖，与印光、太虚、虚云并称"民国四大高僧"。

李叔同雕塑

意园

进士第

　　李叔同在俗世及出家后所表现出的知难而进的坚定信念和顽强精神，崇高的道德情操，完整的独立人格，深邃的哲学思想，强烈的美学追求，严谨的治学风范，卓越的言行统一观，深得人们的景仰，也成为百余年来学者们研究的重要课题。"无尽奇珍供世眼，一轮明月耀天心"——赵朴初先生礼赞李叔同（弘一法师）的诗句，是对其人生与成就的最完美的概括。

门票信息： 免费。

开放时间： 每周二至周日 9：00—17：00（16：00停止进馆）。

交通导航： 乘坐公交15路、172路、600路、605路、633路、653路、675路、681路、804路、856路、863路、903路、907路、908路、954路在望海楼站下车。

李纯祠堂——天津小故宫

位于天津市南开区南丰路附近的李纯祠堂，是天津市规模最大的仿古建筑之一。由砖砌照壁、石牌坊、石拱桥、大门、前殿、戏台、中殿、后殿、配殿及回廊组成。建筑色彩绚丽，布局严谨，气势宏伟。

李纯祠堂也称"津门庄王府"，是民国江西督军李纯的祠堂。

李纯，字秀山，天津河东人，在民国初年曾任江西都督和江苏督军。其在职期间中饱私囊，搜刮民脂民膏，并用这些钱财将北京明代大宦官刘瑾的府邸买下，拆后运津重建。为了掩人耳目，他将天津这个与北京相似的建筑说成是

庄王府

李家的祠堂。祠堂自1913年起，历时10年建造而成，总占地面积近3万平方米。前建三进庭院，后辟花园，由照壁、石牌坊、石拱桥、大门、前殿、中殿、后殿、配殿和回廊组成。中殿是主体建筑，建有石狮、石坊、屏壁、华表、长廊、殿宇、戏楼、拱桥等。整座建筑色彩绚丽，碧瓦朱栏，宏伟壮观。

进入祠堂，可以看到正门的两侧，各有一只雄踞的石狮子，面对正门有照壁、横障，还有几株翠柏仍肃立于门前。跨过正门，玉石牌坊首当其冲，牌坊后东西矗立"华表"一对，前行有玉带河，过河有玉石桥，石雕精细，实际上就是一个缩小了的"金水桥"。往北，院分三进，头道院的迎面为前殿，东西有配殿相称，规格略小。院内是祠堂的花园，园的东北角和西北角各有角门和二道院相通。二道院是祠堂建筑的主体，中殿左右有配殿陪衬，东西有厢殿相对。南面是戏台，戏台顶部有"玉龙戏珠"的大浮雕。第三道院的布局与二道院相同。两道院的四周，皆有游廊环绕，两道院之间，有夹道通连。庭、堂、殿宇皆为古典形式的砖木结构。殿顶覆以彩色琉璃瓦，重檐斗拱，五脊六兽，顶板描金，方砖铺地，仿佛穿越到了古代，一展古色古香的豪华场景。

1949年后，天津市政府将这座豪华的"祠堂"改建成了南开人民文化宫，并由郭沫若题词，同时列入了天津市文物保护单位。

门票信息： 32元。

开放时间： 9：00—17：00（16：00停止售票）。

交通导航： 乘坐94路、98路、643路、628路、872路、观光2路公交车可达。

北宁公园——清心之所

北宁公园位于天津北站以北，又名宁园，取"宁静以致远"之意，原为袁世凯的种植园，园内亭台错落，小桥流水，主要景观有九曲胜景、得月楼、湖心亭、叠翠山、畅观楼、鸳鸯亭等，具有典型的中国古典园林特色。

北宁公园又名"宁园"，位于天津北站以北，中山北路北侧，育红路南侧，占地45.65万平方米，水面11.7万平方米。

宁园是一座历史悠久的园林景观。公园前身系清末官立种植园。1906年，直隶总督袁世凯为推行新政，委派周学熙以工艺总局名义在天津北站附近筹办种植园，1907年正式开湖建园。出于在园内为慈禧太后建造行宫的想法，园内建筑在策划设计上颇具匠心。"初建园时，挖湖堆山，开渠理水，设闸引水，湖水与园外金钟河相通，宣泄得宜。园内建屋三楹，曰鉴水轩。"

民国时期，军阀混战，种植园日渐荒废。1930年，北宁铁路局购得此园并规划拓建为公园，取用诸葛亮《诫子书》"非宁静无以致远"之意，命名为"宁园"，并立碑于亭廊之中。公园沿袭中国古典造园的手法，在种植园原有基础上，新建宏观楼、图书馆、四面厅、大雅堂、志千礼堂、钓鱼台以及水池亭桥、长廊曲径等古典建筑。景观营造具有明显的皇家园林风格：丹梁翠柱、廊檐彩绘、叠山理水、曲径通幽。特别是2 000余米的长廊，堪与闻名世界的圆明园长廊媲美。

园内湖渠聚合相宜，以30余座拱桥、小桥贯连，沿岸遍植垂柳，楼亭错落，回廊蜿蜒，表现出若隐若现的园林情趣和自然优美的独特景观。宁园是当年全国铁路系统第一个公园，因系北宁铁路局产业，故亦名北宁公园。

而到了1937年日本侵华后，这里便被日本人占领，改称日本兵营，园内湖心建筑被改建为日军疗养所，仅留西门至四面厅一条甬道为游览路线。抗战胜利后虽全部开放，却未加修建，残破不堪。

　　天津解放后，宁园历经数次整修，对原有古典园林建筑加以保护修复，并新建畅观楼、**叠翠宫**、致远塔、舒云台、花展馆、温泉宾馆、电影院等，构成荷芳览胜、九曲胜境、紫阁长春、月季满园、鱼跃鸢飞、莲壶叠翠、曲水瀛洲、静波观鱼、俏不争春、宁静致远十景，邀请名家高手撰写楹联匾额数十幅，诗情画意，优美和谐。因公园隶属天津铁路分局，曾一度改称"铁路工人文化宫""二七公园"。

　　下面，让我们一起走进这座中国的古典园林内。来到公园的东大湖，在这里我们可以看到一幢传统建筑风格的大型水榭——畅观楼，这座占地面积1 600平方米的建筑，临湖而建，由42根钢筋水泥柱支撑，室内三面为玻璃格窗，四周湖光山色可尽收眼底，外观端庄恢弘，故有"水上宫殿"之誉。

　　既是古典园林，传统建筑自然不只这一座。秀兰轩，其名突出宏伟壮观的建筑特征，主体具有中国传统风格，细部融入西式建筑元素，古朴典雅，雄浑肃穆。现匾额由书法家启功书写。北宁铁路局国剧社常在此排演，票友云集，极一时之盛；待月楼，取意于唐代诗人元稹诗作："待月西厢下，迎风户半开。浮墙花影动，疑是玉人来。"楼高两层，画梁飞檐，探入湖中。原有月季园、海棠园环绕楼旁。玉人花影，待月临风，诗情画意，引人遐思；志千堂，堂名取自曹操名作《步出夏门行》："老骥伏枥，志在千里；烈士暮年，壮心不已。"为传统建筑风格，中间为正房，三面游廊环绕，形成园林院落；李公亭，原为天津李文忠公祠堂（也称李公祠、李鸿章庙）内的六角亭，清光绪三十一年（1905）建，徽派风格建筑，颇具江南神韵，后由原址迁至北宁公园西部湖心岛；致远楼，原名储香宫，清光绪三十二年（1906）开辟种植园时初建，地处公园中心。建筑二层，四面环水。相传曾拟建为慈禧太后莅津行宫。原北宁铁路管理局图书馆设此。1936年曾为中共地下党员秘密接头地点。

　　致远塔，塔名与园名呼应，相得益彰。塔为九层楼阁，八角平面，有双向旋梯及电梯通塔顶。塔内镶嵌瓷板釉彩画和青石浮雕壁画共122幅，异彩纷呈。2010年修缮，塔刹敷贴金箔，辉煌夺目，耸立巍峨。

　　就是这样一座公园，历经清末、民国和天津解放后多次建设，各个时期的景观建筑和历史遗存异常丰富，是天津市现存规模最大的、原貌最完整的近代公共园林。2010年2月，河北区委、区政府受市委、市政府委托，对宁园实施提升改造工程，突出"水系、亭廊、楼阁"三大景观特色，遵循古法，恢复旧观，体现了历史文化内涵，再现了百年名园风貌。

门票信息： 13元。

开放时间： 7：00—17：00。

交通导航： 乘坐1路、7路、27路、29路、30路、609路、612路、818路、901路、908路、912路等公交车可直达。

老城博物馆——记录天津600年的风雨

老城博物馆原为英商天津麦加利洋行买办徐朴庵家宅，建于民国年间，现为我国首家捐赠博物馆。内存文物3 600余件，所有展品均为民间捐赠。它保留了老城的历史文化街区、文物原状和历史风貌，再现天津600年的城市历史。

　　天津老城厢是天津城市发展的摇篮，曾是天津政治、经济和文化的中心，这里积淀着丰厚的历史、人文资源，蕴藏着天津浓郁的民俗民风和文化艺术精华。老城厢素有天津城"活化石"之称，从某种程度而言，老城厢的历史折射了天津600年的历史。

　　而天津老城博物馆就坐落在老城厢东门里大街的徐家大院，原为英麦加利银行买办徐朴庵的家宅，建于民国年间，建筑面积2 400平方米。这套传统民居的三道院西厢房已复原为老天津卫人的居室，再现当年居住在老城里人们的生活场景。

　　它采用中国建筑小式做法，青砖、硬山顶，整体建筑坐北朝南、乾宅巽门，中轴线由三套院落组成，东西两侧配有箭道。其建筑雕饰典雅精美，是天津市区

天津老城博物馆正门

博物馆院落

唯一保存完好的典型传统民居三进四合套院落，现占地1 381平方米，建筑面积711平方米。在老城厢开始大规模城市改造之际，冯骥才先生与多名专家、学者数次深入老城厢进行实地的文物考察，并提出了将徐家大院改造成中国第一家捐赠博物馆。对此，南开区委、区政府给予了大力的支持。2000年正式筹建，2004年12月23日天津设卫筑城600周年纪念日时对外开放。

老城博物馆内展出了民间捐赠的各种老城文物3 600余件，其中有清代天津漕运码头称粮食用的"官砝"、红木"灯盒子"、江苏会馆界碑、民国时期的"冰箱"，还有记录天津民俗的线装书、老唱片、木壶套、木幌子、支炉，以及珍藏百年的老铜床、座钟、手摇唱片机、收音机等。据老城博物馆负责人介绍，该馆文物主要来自三方面：一是市民自发捐赠，二是天津海关截获的文物，三是老城厢拆迁改造中保护和抢救的文物。

老城博物馆见证着天津这座城市600年风雨春秋；它典藏着天津卫丰厚的历史文化遗韵；它创造、发展了城市的文明和进步，留下了弥足珍贵的历史文化佳作。成为人们缅怀故物，连接亲情的纽带；成为爱国主义教育和乡土教育的重要基地；成为天津这座历史文化名城面向世界、面向未来的重要窗口和桥梁。

门票信息：5元。

开放时间：9：00—17：00。

交通导航：乘坐15路、155路、168路、177路、37路、606路、611路、634路、642路、651路、652路、657路、659路、672路、675路、681路、806路、829路、846路、863路、855路、865路、878路、962路、观光1路公交车可达。

大清邮政——近代邮政的开端

1896年3月20日，清朝光绪皇帝批准开办大清邮政官局，中国近代邮政由此诞生。

　　光绪二十二年二月初七，清廷总理衙门上呈兴办邮政的奏折，当日即被光绪皇帝批准，准予邮政向全国推广，建立大清邮政局。

　　光绪二十三年正月初一，天津海关拨驷达局改名为天津大清邮政局，设在拨驷达局原址，仍由天津海关税务司负责管理。当时大清邮政津局共有邮政专

天津邮政博物馆（大清邮政津局旧址）

职人员14人。同年正月十五日，在大沽设立天津第一个邮政分支机构——大沽邮政局。

光绪二十三年七月二十六，在宫北宣家胡同开设天津城区第一个邮政分支机构——宫北分局。同年底，又开办了唐山邮政局及秦皇岛邮件转运站，天津邮政开始向内地发展。

光绪二十五年三月二十九，全国邮政按海关管辖区域划分邮界，每个邮界设置邮政总局，天津邮界为全国35个邮界之一，管辖范围北至长城，东临渤海，南连山东，西北部以古北口到杨村一线为界，南部以大运河西岸为限。此时，天津大清邮政局改为天津邮政总局，主管天津邮界，局中有邮政员工29人。同年，建立德州、东光、沧州、静海、山海关、锦州等邮政局，并在北戴河海滨开办夏季邮局。

光绪二十六年，义和团反帝爱国运动爆发，他们认为邮政属于洋人所办，使得津城宫北分局、沧州、东光、静海、德州、北戴河等局被迫关闭。同年五月，八国联军攻占大沽，六月攻占天津，七月侵占北京、张家口、保定、遵化、卢龙、承德及沿运河一带。这段时期邮局普遍遭到破坏，大沽、唐山、山海关、锦州等局均被捣毁，邮工四散逃亡。当时整个天津邮界，除了总局因地处租界未受大的损失外，其他各局及各条邮路都陷入瘫痪状态。英国军队侵占大沽分局后，抢夺邮局财物，盗卖库存邮票，并毁坏所有档案和空白汇票。俄国军队侵占唐山分局时，以检查为名，强行开拆南方由海上运抵天津的邮袋，把值钱的东西抢掠一空，一哄而散。八月下旬，天津总局派人恢复津京间骑差邮路，邮差多次遭到伤害，邮件和骡马也多次被抢劫。

虽然处境艰难，但天津邮政在硝烟未散的环境中，抓住空隙，力图恢复。为恢复南北邮运，经天津海关税务司与占领军商定，首先重建塘沽邮政局，以开通海上邮运的大门。塘沽是距离北京最近的港口，是天津通向海上的咽喉，是南方与北方海陆联运的重要衔接点。天津城区宫北分局因受战争破坏，无法在原址恢复营业，于是选在针市街新建一处分局，以代替宫北分局。

　　光绪二十七年，战乱刚刚停息，总邮政司赫德宣布北方各局从正月十一日开始恢复办理汇兑、包裹等全部业务。为此，天津邮界陆续恢复和重建唐山、德州、沧州、山海关等地邮政局，新建秦皇岛、遵化、丰润邮政局，第二年重开北戴河海滨邮局。至此，原11处分局中，除了东光、静海二局因业务量过少暂不恢复和锦州局划归牛庄邮界外，其他8处重新对外开业，恢复邮路跑行。

　　光绪二十八年，天津邮政总局在全面恢复的基础上，采取自办与委办相结合的方针，自办邮局与代办邮政铺商迅速铺开，邮政服务从城市展向农村，在很大程度上适应了社会各方面的通信需要，从而为邮政业务发展、营业收入增加和通信能力扩大，创造了优越条件。

　　光绪二十八年，天津邮界总分各局共17处，代办铺商1处。

　　光绪三十二年，总分各局达24处，代办铺商41处。

　　光绪三十四年，总分各局增到30处，邮政代办增到145处。

　　至宣统三年，分支各局已达41处，代办支局高达243处。

　　随着新建局所的大量增加，邮路也有很大发展，局所、邮路同时并举，因点设线，沿线增点，点线结合，线尽其用，既新增了局所，又充分利用了邮路，使天津邮界内的网点建设迅速地发展起来。除海运外，由于津榆、京津、津浦铁路的建成，以及塘沽、秦皇岛两个港口的启用，天津成为北方最大的水陆两运通信枢纽。

　　从光绪二十八年到宣统三年，在天津邮界局所网络不断发展的过程中，邮政业务收入逐年增加，收支亏损状况逐年减少，至光绪三十四年，财政收支开始扭亏为盈。从此，天津邮局经济效益逐年增长，形成天津邮区历史上第一次发展高潮，并且导致邮政与驿站、文报局、民信局的激烈竞争，以邮局胜利而告终。

宣统元年四月初一，天津邮界改为副邮界，天津邮政总局改名天津副邮政总局，划归北京直隶邮界邮政司管辖。

宣统三年，邮传部接管邮政，从此邮政脱离海关。邮传部下设邮政总局主管邮政。原邮界总局一律改为邮政局，副邮界改称分界。天津副邮政总局改名为天津邮政分局，归属北京邮政局领导。

天津原大清邮政现状

第 4 章

红色天津 革命圣地

大沽口炮台——再现历史风云

大沽口是北方的海防要塞，自古就是入京的水道咽喉，历史上被称为"津门之屏"，同时也是中华民族抗击侵略，不畏强暴的历史见证。

　　大沽口炮台位于塘沽区大沽口海河南岸，是入京咽喉，津门之屏障。自古以来就是海防重镇，素有"南有虎门，北有大沽"之说。在中国近代史中，大沽口炮台更是成为我国重要的海防屏障。

　　明嘉靖年间，为了抵御倭寇，加强大沽口海防战备，政府开始构筑堡垒，正式驻军设防。清嘉庆二十一年（1816年），清政府在大沽口南北两岸各建一座圆型炮台。炮台内用木料，外用青砖砌成，白灰灌浆非常坚固。高度约为5米，宽3米，进深2米。这是大沽口最早的炮台。第一次鸦片战争后对炮台进行增修加固。至道光二十一年（1841年）已建成大炮台五座、土炮台12座、土垒13座，组成了大沽口炮台群，形成较为完整的军事防御体系。清咸丰八年（1858年），僧格林沁作为钦差大臣镇守大沽口，对炮台进行全面整修，共建炮台5座，其中3座在南岸，2座在北岸，分别以

大沽口炮台

大沽口炮台遗址纪念碑

"威""震""海""门""高"五字命名，寓意炮台威风凛凛镇守在大海门户的高处。光绪元年（1875年），李鸿章在大沽口、北塘等处又增建若干炮台，到光绪十年（1885年），大沽口共有炮台52座。光绪二十七年（1901年），清政府与英、美、俄、意、日、法等11国签订丧权辱国的《辛丑条约》，大沽口炮台遂被拆除，现保存较好的是"威"字南炮台和"海"字老炮台两座遗址，其他炮台已荡然无存，但在其附近还发现有大炮、炮弹等遗物。1988年，大沽口炮台遗址被国务院确定为全国重点文物保护单位。1990年又以"津门古塞"之誉被评为"津门十景"之一，并确定为天津市爱国主义教育基地。

大沽口炮台是中华民族抗击侵略，不畏强暴的历史见证。从1840年至1900年整整60年间，外国列强为夺取在华的经济利益和政治特权，于1858年，1859年，1860年，1900年先后四次对大沽口发动入侵。他们依仗"船坚炮利"把大沽地区置于其铁蹄蹂躏之下，乃至进逼北京，烧杀抢掠，无恶不作，把誉为东方艺术官殿的圆明园焚之一炬，迫使清统治者两次离京出逃。在侵略者枪炮威逼下，清政府与他们签订了一个个不平等条约。面对强大的侵略者，大沽地区军民，一次次用自己的血肉之躯同入侵之敌进行殊死搏斗，向世界展示了中国人民不屈不挠，勇敢坚强的民族气概。为此，伟大的革命导师马克思于1859年写下《新的对华战争》一文，严厉谴责侵略者挑起"海盗式"的战争，热情赞许中国抵抗是"有理"的正义行动。

大沽口炮台饱经沧桑，几经兴废，它是帝国主义侵略中国的铁证，是中国人民浴血奋战，抗击帝国主义侵略者的历史见证。古往今来，无数的仁人志士到此凭吊，激发心中的爱国主义热情。

大沽口炮台遗址博物馆

门票信息： 30元。

开放时间： 8：00—17：00。

交通导航： 乘坐公交110路、617路、627路、822路、936路等在大沽炮台遗址博物馆下车即到。

平津战役纪念馆——感怀革命先烈

推荐星级：★ ★ ★ ★

平津战役纪念馆位于天津市红桥区子牙河桥西侧的植物园预留地内，于1997年建成，占地4.7万平方米。它是反映中国解放战争三大战役之一——平津战役的专题纪念馆。聂荣臻元帅为纪念馆题写了馆名。

　　平津战役纪念馆是党中央决定在天津修建的、全面展现平津战役伟大胜利的专题纪念馆。1994年8月23日，中共中央政治局常务委员会十四届第六十七次会议决定在天津修建平津战役纪念馆，并责成北京军区牵头，会同北京市、天津市共同完成建馆工作。1995年11月29日工程奠基，1997年7月23日建成开馆。聂荣臻元帅生前为纪念馆题写馆名，江泽民、李鹏、刘华清、张震、张万年、迟浩田同志为纪念馆题词。

　　平津战役纪念馆占地面积为4.7万平方米，建筑面积为1.4万平方米，主要由多维演示馆、纪念广场、胜利花园、序厅、战役决策厅、战役实施厅、人民支前厅、伟大胜利厅、英烈业绩厅等组成。

平津战役纪念馆整体外观

平津战役纪念馆

　　纪念馆主展馆雄伟挺拔、气势磅礴，既蕴含中国传统韵味，又富有现代审美风格。前区是暖灰色花岗岩饰面斗拱造型的三层展馆，古朴庄重；后区是金属材料构成的巨大银灰色球体建筑，恢宏壮观。在展馆的巨大牌楼式眉额上镶嵌着聂荣臻元帅生前题写的"平津战役纪念馆"七个鎏金大字，右下方是聂帅的签名。展馆陈列内容分为：序厅、战役决策、战役实施、人民支前、伟大胜利、英烈业绩六个部分，展出历史照片400余幅，历史文物2 000多件，以及多媒体、电动沙盘、旧址复原、景观、雕塑、绘画等辅助展品。

　　平津战役多维演示馆是目前亚洲第一大球体建筑，高43米，直径50米，它运用声、光、电高科技与多元化视听艺术手段，把全景式超大银幕环球电影与背景画和展场微缩景观结合起来，创造出新颖、独特的视听艺术形式，气势恢宏地演示了平津战役的多维空间历史画面。

　　平津战役纪念广场总体环境艺术以胜利为主旋律。两根高大花岗岩圆柱构成胜利门，柱顶分别伫立着人民解放军东北野战军和华北军区部队战士雕像。两壁反映军民团结奋战、欢庆胜利的花岗岩浮雕墙分列胜利门两旁。广场中央竖立着高64米的胜利纪念碑，不锈钢三棱刺刀直插云霄。广场东西两侧的大型锻铜群雕，烘托出人民战争的磅礴气势。

门票信息：免费。

开放时间：全天开放。

交通导航：乘坐观光1路、7路、37路、47路、48路、628路、657路、676路、700路、800路、837路、860路、865路、879路、907路、911路、952路、961路、962路可达。

周恩来邓颖超纪念馆——伟人光辉一生

周恩来、邓颖超是中国近代社会两位伟大的人物，为了纪念他们，人们在天津建造了周恩来邓颖超纪念馆，以世世代代缅怀铭记他们的丰功伟绩和高尚品德。

　　周恩来早年就读于天津南开中学，他和邓颖超的青少年时代是在天津度过的，在这里他们相识、相知、相爱并共同走上革命道路，传播革命思想，探索救国救民的真理。新中国成立后两位伟人一直关心天津的工作，关注天津的发展，多次亲临天津视察指导，对天津人民无比关心。他们把天津作为第二故乡，生前分别留下遗嘱，先后将骨灰撒在天津，体现了他们对天津人民的特殊感情。周恩来邓颖超纪念馆建于1998年2月28日周恩来诞辰百年纪念日前夕，以纪念两位革命伴侣的光辉一生。

　　纪念馆坐落在风光旖旎、景色怡人的水上公园风景区，占地70 000平方米，建筑面积13 000平方米，布局呈"工"字形，主体建筑为三层，屋顶采取传统重檐形式并结合现代工艺，石材屋面，外檐镶嵌花岗石，色彩朴素淡雅。馆外的巨型花岗岩雕像"高山仰止"表现了人们对周恩来和邓颖超的崇敬之

周恩来邓颖超雕像

纪念馆展厅

情。馆内藏品丰富，文物价值弥足珍贵，现已征集文物、文献、照片及其他资料8 000余件，珍品达百余件。

纪念馆展厅包括瞻仰厅、生平厅、情怀厅以及竹刻楹联厅和书画艺术厅。瞻仰厅正面耸立着周恩来邓颖超的汉白玉雕像，两侧浮雕墙镌刻着五四运动、南昌起义、红军长征、西安事变和开国大典等历史性画面。生平厅的九个部分采用复原场景、微缩景观等手段和大量翔实的历史资料，全面展示一代伟人的风采。情怀厅展示了两位伟人的伉俪情深和对祖国、对人民的真挚热爱。楹联厅和书画厅汇集并展示来自全国的知名人士和著名艺术家讴歌周恩来、邓颖超的竹雕艺术品和书画作品。

纪念馆的展览主题突出，天津地域特色鲜明，生动再现了周恩来、邓颖超两位伟人光辉灿烂的一生以及为祖国、为人民鞠躬尽瘁的优秀品质和崇高精神。

周恩来、邓颖超是伟大的无产阶级革命家，坚定的马克思主义者，党和国家卓越的领导人。他们为中国人民的解放和新中国的创建，为我国的社会主义建设，为伟大的共产主义事业无私地献出了自己的毕生精力，深受全党、全军和全国各族人民的爱戴。周恩来邓颖超纪念馆现为全国爱国主义教育示范基地、全国廉政教育基地和国家一级博物馆。

门票信息：免费。

开放时间：周二至周日，9：00—16：30。

交通导航：乘坐94路、643路、871路、872路、904路等公交车及观光2路均可到达。

周恩来邓颖超纪念馆外观

觉悟社旧址——爱国精神熠熠生辉

推荐星级：★★★

觉悟社是五四时期周恩来、马骏、郭隆真、刘清扬、邓颖超等创建的革命社团，一度成为当时天津反帝爱国运动的领导核心。

坐落在今天津市河北区宙纬路三戒里4号的觉悟社旧址，是一座7间青色砖木结构的平房小院，现被辟为天津觉悟社纪念馆。1986年9月10日，邓颖超来馆视察，题写了馆名。

觉悟社1919年9月16日成立，是周恩来领导的天津爱国学生的进步组织。天津的进步青年们经常聚集于此研究新思潮，传播马克思主义。李大钊曾于1919年9月21日来到天津，给社员以鼓励和支持。觉悟社本着"革新""革心"的精神，以"自觉""自决"为主旨，成为当时天津反帝爱国运动领导核心。1920年1月28日觉悟社社刊《觉悟》在此编辑出版，周恩来担任社刊主编。后来，觉悟社的多数成员走上了革命道路，成为著名的无产阶级革命家。

觉悟社纪念馆分为复原陈列和辅助陈列两部分。复原陈列再现了原三戒里4号院的面貌和当年社员们活动时的情景，展出了社员抓阄决定代号的工具以及学习、生活用品等珍贵文物。辅助陈列室，则以大量历史文献、照片、绘画及

觉悟社外景

陈列展览

雕塑等，生动展示出以周恩来、邓颖超为代表的觉悟社成员进行革命活动的战斗历程。

觉悟社精神与宗旨

　　天津觉悟社纪念馆现为天津市文物保护单位、天津市爱国主义教育基地。

门票信息： 免费。

开放时间： 周二至周日（周一闭馆）9：00—17：00。

交通导航： 乘坐1路、12路、609路、610路、641路、646路、670路、803路、818路、869路黄纬路站下车即可。

天津前线指挥部旧址——再现平津战役情景

平津战役天津前线指挥部旧址位于西青区杨柳青镇药王庙东大街2号，1948年12月至1949年1月解放天津战役时，中国人民解放军平津战役天津前线指挥部曾设在这里。

平津战役天津前线指挥部旧址位于天津市西青区杨柳青镇药王庙东大街2号，为清末民宅，青砖四合院，有16间房，占地280平方米。

1984年这里辟作"平津战役天津前线指挥部旧址——陈列馆"，旧址建筑面积134.76平方米，其中展厅面积122.76平方米。该馆基本陈列分三部分：一是前线指挥部复原陈列；二是辅助陈列，展现了天津战役的经过情况；三是天津战役中英雄、烈士事迹陈列。由原东北野战军第一兵团司令员、第四野战军副司令员肖劲光为陈列馆题写馆名。

据说平津战役前夕，中国人民解放军曾在此多次召开高级军事会议，部署作战方案，指挥作战。特别是1949年1月14日，中国人民解放军第四野战军十四兵团司令员刘亚楼在这里发布天津战役总攻令。经过29小时激战，全歼国民党陈长捷部13万余人，解放了天津。

门票信息： 免费。

开放时间： 全天开放。

交通导航： 乘坐669路公交车，杨柳青发电场站下车后步行500米即到。

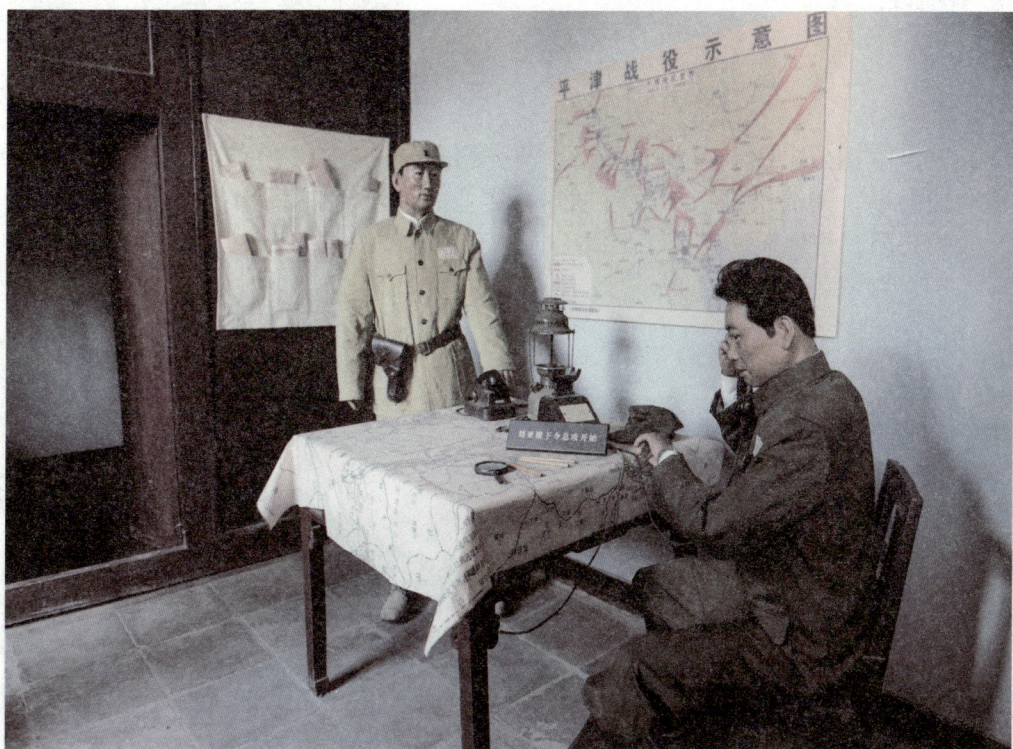

平津战役天津前线指挥部旧址

中山公园——浓郁的爱国情结

天津中山公园因1912年孙中山先生在这里发表重要演说而闻名，为天津最早向民众开放的公园。

　　天津中山公园位于中山公园路。清光绪三十一年（1905年）在思源庄遗址建劝业会场，为清末推行新政时期劝兴实业的展示窗口，后为天津最早向民众开放的公园，曾称天津公园、河北公园、天津第二公园等。

中山公园

　　天津中山公园与孙中山先生有著深厚的渊源，因为在中华民国建国元年（1912年），孙中山先生在该公园发表重要演说而知名。1912年8月24日，孙中山先生应袁世凯之邀北上共商国是，到公园参加官绅欢迎会，并即席发表演讲。为了纪念这一事件，公园改名为中山公园。孙中山先生曾经两次在这个公园巡视演讲。

　　从1936年起，又改称为"天津市第二公园"。1937年，中山公园被日本侵略军占为兵营，惨遭破坏。新中国成立后，再次定名为"中山公园"并几经修复。

　　清末至抗战爆发前，园内和周边曾有直隶布政使署、中州会馆、市公署、博物院等机构办公地，为近代天津重要集会场所和革命纪念地。天津沦陷，日军将园中精华损坏。现在园内有孙中山先生铜像、天津十五烈士纪念碑等。

门票信息： 免费。

开放时间： 全天开放。

交通导航： 乘坐1路、12路、117路公交车可以到达。

吕祖堂——义和团的"根据地"

吕祖堂（义和团纪念馆）因供奉"纯阳真人"吕洞宾而得名，始建于明宣德八年（1433年），这里为义和团运动的重要历史见证，是目前我国仅存的较完好的义和团坛口。

　　吕祖堂（义和团纪念馆）位于天津市红桥区永丰屯如意庵大街，原是供奉"纯阳真人"吕洞宾的道观，始建于明朝宣德八年(1433年)，当时为永丰屯祠堂。清朝康熙五十八年(1719年)修葺后，改为吕祖庙观，定名为"吕祖堂"。后于乾隆六十年(1795年)、道光十九年(1839年)和民国九年(1920年)三次修葺。主要建筑有山门、前殿、后殿和五仙堂。前殿主要供奉吕洞宾，后殿供奉北斗元君，两侧有药王和药圣，西跨院五仙堂供奉道教北五祖。吕祖堂总占地1 300平方米，建筑面积600平方米。

吕祖堂山门

曹福田像

　　清朝光绪二十六年(1900年)，义和团运动由山东兴起，各地义和团纷纷进入天津，著名的乾字团首领曹福田率领盐山、庆云、静海等数千名义和团战士到达天津，将总坛口设在吕祖堂内，团民们日夜在月台上练拳习武。吕祖堂濒临南运河，距天津城西门仅1.5千米，津西各县义和团来津时，大多在此落脚。义和团著名的首领张德成、林黑儿、刘呈样等经常来此聚义拜坛，与曹福田共商对敌斗争大计。义和团运动史上重要的文献、曹福田致各帝国主义国家的"战书"，就是在这里拟定的。八国联军侵略天津，遭到义和团战士们的英勇抵抗。在攻打紫竹林租界、老龙头火车站和天津城保卫战等战役中，义和团战士英勇奋战，用大刀长矛抵抗八国联军的洋枪洋炮，给帝国主义以沉重打击，用鲜血和生命谱写了悲壮的历史篇章。周总理曾评价说："1900年的义和团运动是中国人民顽强地反抗帝国主义侵略的表现，他们的英勇斗争是50年后中国人民伟大胜利的奠基石之一。"吕祖堂坛口遗址成为天津义和团运动中最重要也是目前唯一保存完整的坛口遗址。

　　新中国成立后，义和团吕祖堂坛口遗址受到了各级人民政府的保护。1962年被市政府列为天津市市级文物保护单位。1982年被国务院批准为全国重点文物保护单位。1985年初，由国家文物局直接拨款进行修葺，共搬迁居民25户。对前殿、后殿、五仙堂、回廊等处进行了全面翻修，并重新设计了山门，当年10月竣工。为纪念义和团运动，1986年1月1日建成天津义和团纪念馆，对外开放，是目前国内唯一反映义和团运动的纪念馆。

门票信息： 2元。

开放时间： 9：00—16：00。

交通导航： 乘坐705路到吕祖堂下。

南开区烈士陵园——纪念解放军陆军第38军烈士英雄

南开区烈士陵园建于1949年2月，1967年重建，占地0.76万平方米，这里安葬着在天津战役中牺牲的烈士2 024名，是一处爱国主义教育基地。

南开区烈士陵园位于天津市南开区西营门外大街（烈士路）118号，建于1949年，至今已有64年的历史，占地7 600平方米。这里安葬着在天津战役中牺牲的烈士2 024名，其中38军112师烈士428名。园中有一座纪念碑，高14米左右，纪念碑正面碑文为"中国人民解放军陆军第38军天津战役烈士纪念碑，1949年2月立"，背面碑文为"革命烈士血洒海河两岸，精神不死功留人民心间"。园内还有一座陆军第38军天津战役事迹陈列室，面积约200平方米。陈列室内展出的是38军在天津战役中各团使用的军旗、武器、衣物和解放天津战役中战士们获得的部分军功章等珍贵实物及第38军在天津战役中简要的战斗经过、部分英烈事迹。

天津战役是解放战争时期平津战役的重要组成部分，是解放全华北的关键一役。在这场战役中，陆军第38军作为主攻部队之一，最先突破城防，最先攻占金汤桥、法国桥、海光寺、中原公司，共歼敌26 413人，第38军所属2 024名战士英勇牺牲。

门票信息： 10元。

开放时间： 9：00—17：00。

交通导航： 乘坐25路、686路、645路、673路、841路、903路公交车可达。

南开区烈士陵园

聂士成殉难纪念碑——不朽的民族气节

聂士成殉难纪念碑，是清政府为纪念在和八国联军交战中殉难的清军将领聂士成所设立的纪念碑。

聂士成殉难纪念碑位于南开区紫金山路与津盐公路交叉口，由花岗石砌筑基座，上置碑身，高2.4米。碑正面刻"聂忠节公殉难处"。两侧立柱上刻"勇烈贯长虹，想当年马革裹尸，一片丹心忍作怒涛飞海上；精诚留碧血，看今日虫沙历劫，三军白骨悲歌乐府战城南"，横额为"生气凛然"。

聂士成，系清朝将领，自小好行侠仗义，后投身军旅，开始了40年戎马生涯。先后参与中法战争、甲午战争、庚子之变，战功卓著，于庚子之变的天津保卫战中，中炮阵亡。清廷追授他为太子少保，谥号忠节。

门票信息： 免费。

开放时间： 全天开放。

交通导航： 乘坐8路、710路公交车在聂公桥下车即到。

聂士成殉难纪念碑

霍元甲纪念馆——爱国武术家的事迹

霍元甲纪念馆为纪念闻名中外的近代爱国武术家、精武元祖霍元甲所建，包括故居和陵园两部分。现为市级文物保护单位和爱国主义教育基地。

霍元甲纪念馆坐落在天津市西青区小南河村。1986年天津市西青区人民政府整修了霍元甲故居，修建了霍元甲陵园，用以纪念这位名震中外的爱国武术家。1997年再次修葺了霍元甲故居，扩建了霍元甲陵园，辟为"霍元甲故居纪念馆"。

他的故居为青砖青瓦，坐南朝北，是明三暗五的小四合院。院门口处是一镶有"福"字的影壁墙，后面是一明四暗五间正房，小院左、右各有厢房一间，中间正房挂着霍元甲遗像。堂屋两侧的暗联"一生侠义、盖世英雄"是霍元甲的次子霍东阁所写。依据史料记载复原有霍元甲习武、务农、生活的大量珍贵实物展品。其陵园占地40 000平方米，分为陵墓区、展览区、习武区和休息区，陵园内有孙中山先生题写的"尚武精神"牌坊。内设纪念馆，全面讲述了霍元甲"肩挑千斤担""脚踢双石磙""义盗王五头""威震俄英大力士""猛挫东洋武魁"等传奇故事，重温洗去"东亚病夫"耻辱的历史。

故居门口

纪念馆外景

霍元甲之墓

　　霍元甲是我国清末著名的爱国武术家，出生在一个迷踪拳（又名燕青拳，相传是梁山好汉卢俊义和燕青所创）的世家。父亲霍恩第以保镖为业。霍恩第有三子：霍元卿、霍元甲、霍元栋，元甲排行第二。霍元甲幼年体弱，父亲霍恩第不让他习武，可是霍元甲暗中练习，并创立了精武门，连续打败了俄、英等国的大力士以及日本武士，为当时在列强压制下的中国人民出了一口气。然而不久之后，正值壮年的霍元甲被人下毒而亡，让国人不胜唏嘘。这个传说也被拍成了电视剧。

　　霍元甲故居纪念馆从建成之日起已有数万爱国人士前来参观瞻仰，重温霍元甲这位爱国英雄的传奇事迹和感人精神。

门票信息： 10元。

开放时间： 9：00—17：00。

交通导航： 乘坐157路、162路公交车可到。

三条石历史博物馆——天津工业发展史

三条石历史博物馆是以三条石地区民族铸铁、机器制造业发展史为基本陈列内容的地方专业性博物馆。现为天津市爱国主义教育基地。

天津的工业之声最早是从三条石的石板路上传出来的。三条石历史博物馆是以三条石地区民族铸铁、机器制造业发展史为基本陈列内容的地方专业性博物馆。展览以翔实的史料,生动形象地概括介绍了三条石铁工业作坊兴起及其特点;记叙了三条石地区铸铁、机器业兴衰的历史过程;较典型地反映了中国民族工业在三座大山的压迫下,艰难、缓慢发展的历程。

"三条石历史博物馆"于1959年9月27日正式开放,馆名是周恩来总理亲笔题写的。

三条石地区是指南、北运河及河北大街构成的三角地带,面积约48万平方米。这里水、陆交通便利,是天津市早期商业贸易的繁华地区。元代时期,随着漕运的发展,天津的经济就以沿河贸易为特点日渐发达,三岔河口一带成为天津的经济中心。

三条石地区正与这一地带毗邻,受其影响,1860年前这里出现了为船家、商客服务的打铁匠人,他们季节性地在此聚集。1860年以后,第一家手工作坊——秦记铁铺在此"定居",是最早的铸铁手工作坊。

1900年,天津开埠后,受外来资本主义势力的影响,三条石地区铁业出现了为国外租界的建筑设施服务的铁工制造。截至1914年,三条石铁工作坊有10多家。

1915至1930年,三条石地区铸铁、机器业发展到兴盛时期。最初的加工配套生产逐渐明显的分为两业——铸铁业和机器业。许多铁厂扩大生产规模,在本市和外地设立分号。例如：当时颇有名气的郭天祥机器厂曾在山东济南、河南安阳建立分号扩大经营。到1937年时，三条石"两业"工厂有300余家，成为当时有名的"铁厂街"。

三条石历史博物馆正门

院内

"七七事变"后，三条石地区"两业"的自身发展受到破坏。为了维持生产，一些厂家被迫改产，接受日商的加工订货，大部分厂家停工，生产日趋衰落。

抗日战争胜利后，国民党发动内战，物价飞涨，货币贬值，三条石地区铸铁、机器业极度衰退，奄奄一息。

新中国成立后，三条石地区工业才得以恢复和发展，成为天津市乃至华北地区机器工业的有生力量。

1991年，天津市文物主管部门拨专款对三条石历史博物馆福聚兴机器厂旧址进行修缮。天津市唯一保留下来的反映民族机器业发展变化历史的遗址，恢复了原貌并通过实物资料再现了三条石"两业"缓慢发展的史实。陈列的主要内容有：前柜房、后柜房、锻工棚、机加工车间等。占地面积630平方米。

三条石地区铸铁、机器民族工业发展史和福聚兴机器旧址陈列，以唯物史观为指导，记述了近90年三条石地区铸铁、机器业形成、发展和衰落的历史，同时，也是中国工业发展的一个缩影。

内部陈列

门票信息：免费。

开放时间：全天开放。

交通导航：乘坐5路公交车在三条石下车即到。

第 5 章

繁华街头 津门新景

滨江道——潮人购物的必去之地

滨江道商业街是天津市最繁华的商业街区之一，在新中国成立前期就初具规模，历史悠久，店铺密集，物品齐全。这条街不仅有劝业场、中原公司、稻香村食品店、亨得利钟表店、光明影院、登瀛楼饭庄等老字号，还有新建的一些商场和商店。

滨江道商业街是天津市最繁华的商业街之一。它自海河边的张自忠路起，向西南方向延伸到南京路上，全长2 094米。分两段建成，其中张自忠路至大沽路一段，建于1886年；大沽路至南京路一段建于1900年。1946年将两段合并，定名滨江道。

这里汇集了天津市商业、餐饮业、服务业的精华，国际品牌店鳞次栉比，是最新潮流的聚集地，商业零售额居天津市第一。

劝业场是天津著名的老字号商场，坐落在和平路和滨江道的交界处，始建于1928年，是一座折中主义风格的大型建筑。劝业场当时被人誉为：城中之城，市中之市，可以说天津形成现代格局的繁华是从劝业场开始的。劝业场最早由买办高星桥创办，大楼由法籍工程师慕乐设计，主体五层，转角局部七层，为钢筋混凝土框架结构。"天津劝业场"这块牌匾字迹稳建，苍劲有力，是由著名书法家华世奎所书写的。

20世纪20年代末，劝业场一带商业兴起，很多商贾纷纷云集于这条街，许多服装绸缎、金银首饰、钟表眼镜、照相洗染以及旅馆、饭店、影院、剧场、舞厅等商业、服务和娱乐店堂、场馆相继落成开业，这条街逐渐呈现繁华景象。1987年4月，山东路至南京路一段被定为小商品市场，个体经营的摊点如雨后春笋般涌现在滨江道西段，游人川流不息，入夜之后也灯红酒绿，成为津门夜市新的一景。

天津劝业场

滨江道

　　1931年至1939年是劝业场的鼎盛时期，但这种繁荣只维持了不到十年，日本侵略者发动侵华战争，华北大部分地区沦陷。由于战乱，物价飞涨，经济萧条，劝业场开始衰落，处于半停业的状态。直到天津解放后才重新焕发了勃勃生机。1991年，历经风风雨雨的劝业场再度扩建，总面积达5万平方米，营业面积达3.43万平方米，成为天津市最大的集购物、娱乐、休闲、服务为一体的多功能高档次的新型商厦，并以其独有的特色和诚信的服务成为一张天津的城市名片。

门票信息： 免费。

开放时间： 全天开放。

交通导航： 乘坐3路、35路、45路、50路、503路、600路等到滨江道站下车即到。

天津金街——近代天津商业的摇篮

推荐星级：★★★★

天津金街位于天津市和平区中心繁华地带和平路，是全国十大著名商业街、百城万店无假货一条街和诚信消费一条街。

　　1902年，天津金街始建，原名罗斯福路、杜领事路，1953年为了"热爱和平"之意，更名为"和平路"，是近代天津商业的摇篮，天津繁荣的象征，也曾是天津人的骄傲。2000年9月，改造后的和平路商业街与滨江道连成一个

金街

"金十字"，取名为"金街"。"金街"寓意寸土寸金，"金"与"天津"的"津"读音相同，富于美好的祝颂之意。2003年9月，为"津门新十景"命名的《临江仙》词之首句——"商贸金街昌万象"中"金街"点明地点，"商贸"突出特色，"昌万象"指这里商贾云集、店铺栉比、百业繁盛。其"昌"堪称"词眼"，既指现在，也预示将来。

天津金街是一条集游览、购物、餐饮、娱乐、休闲为一体的旅游休闲购物街，全长1.3千米的步行街上，路灯与街面建筑均采用欧式设计风格，百货大楼、四面钟等一些具有代表性的建筑恢复了原来风貌。街内新建的雕塑以及新设置的电子导购系统、自动售货机、小型喷泉、花坛，使古典风格与现代风格相映成趣。不仅有劝业场、中原公司、百货大楼等历史悠久的大型百货商场和天津鞋店、桂顺斋糕点店、正兴德茶庄、亨得利钟表店、冠生园食品店、盛锡福帽店等老字号商店，还有滨江商厦、米来欧、友谊新天地等大型购物中心，吉利大厦、国际商场、伊都锦、麦购等新建的合资购物中心和专卖店更是鳞次栉比。同时，金街的特殊历史，使这里成为许多名人故居聚集区。有庆王府、张自忠故居、张作相故居、林子香故居、蔡成勋旧居、霍元甲故居等。

凡是来天津的人都会慕名来到金街逛上一逛，放眼望去，层楼错落，晚间华灯齐放，造型各异的霓虹灯、街灯相映成辉，黄金之街更加璀璨夺目。很多人都有这样的感受：逛和平路是一种享受，也只有在"金街"上，历史与文化，时间与空间，熙熙攘攘的人，琳琅满目的物，才能如此完美地融合在一起。

门票信息：免费。

开放时间：全天开放。

交通导航：乘坐35路、91路、902路、845路公交车可以到达。

塘沽洋货市场——"淘宝"好去处

塘沽洋货市场是华北地区首家专门进行进口货交易的市场，主要经营品种大都是进口原装货，经不断发展，已成为华北地区进口货的集散地。

洋货市场的名气甚至超过了塘沽，几乎知道天津的人都知道洋货市场。它位于塘沽区抚顺道，临近天津开发区，是华北地区首家建立的专门进行进口货交易的市场。

洋货市场建筑面积达50万平方米，摊位2 000多个。主要经营汽车、照相器材、服装、手表、打火机、摩托车、家电、音响等，大都为进口原装货，经不断发展，如今四海名扬，成为滨海的商贸中心。

洋货市场步行街突出古典欧式风格，着意体现"洋货、洋味、洋品牌"。街两侧低层欧式建筑，屋顶几何造型富于变化，立面装饰力求典雅优美。标志物"沽上明珠"突兀而起，寓意丰富。5组青铜雕塑和3组汉白玉雕塑均为欧洲古典名人名雕，或欢快，或沉思，或三五成群，或独踞一隅，点缀街头，向游人展示着魅力无穷的异域文化。夜幕降临，古典式街灯像彬彬有礼的主人，陪伴八方游客在柔和的光线里徜徉。

门票信息：免费。

开放时间：全天开放。

交通导航：在西站坐地铁在鞍山道车站下车，在鞍山道车站换乘673路、643路、840路到中山门车站下车，换乘轻轨到塘沽站（洋货市场）即可。

洋货市场

天津之眼——在桥上守望幸福

天津之眼，即天津永乐桥摩天轮，是世界上唯一一座建在桥上的摩天轮，其巧夺天工和奇思妙想确是当之无愧的"世界第一"。

公元2008年，天津的新地标建筑——"天津之眼"摩天轮落成。即坐落于当年朱棣率千军万马渡河之处——永乐桥之上，是世界上唯一一座跨河建设、桥轮合一的摩天轮，兼具观光和交通功用。上仰天子之渡灵气，下拥九河下梢风光，其奇思妙想、巧夺天工的设计是世界摩天轮建设方面的　大突破。

永乐桥，原名慈海桥，它最为引人注目的设计，还是耸立在桥上巨大的"天津之眼"摩天轮。摩天轮高120米，轮外装挂48个透明座舱，每舱可乘8人，舱内舒适宽敞，有空调调节温度，可同时供384人观光，约30分钟旋转一

白天的天津之眼

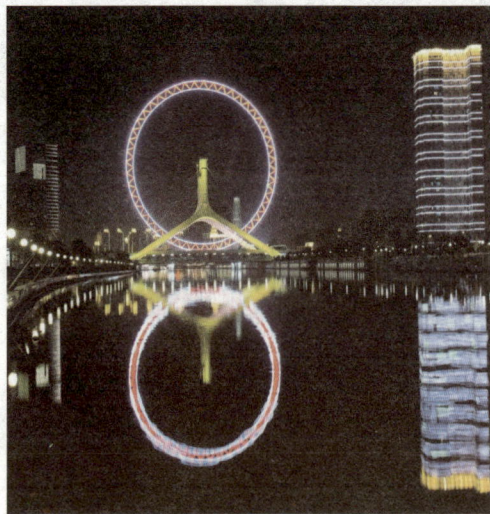

天津之眼夜景

周。座舱到达最高处时，能看到方圆数十千米的景致，海河风貌尽收眼底，成为名副其实的"天津之眼"。

"天津之眼"摩天轮设计的转动轴技术含量要求很高，转动轴是德国制造的。目前，摩天轮已经通过了抗压、抗渗、抗折、抗冻等强度试验。它的设计理念以尊重城市地域现存的历史积累为前提，通过运用新技术、新材料和简洁流畅的线条设计，凸显现代化的科技文明与天津城市历史的交汇，提升了区域的文化品位与内涵，体现出天津城市"开放与纳新"的文化特征。

"天津之眼"摩天轮地处海河三岔河口黄金地段的核心，是天津传统文化和民俗文化最集中的区域。周边拥有大悲院、古文化街、鼓楼、意式风情区、奥式风情区等天津重要的商贸旅游资源，同时也是海河水上游船观光区的起点。游客到此，一日之间即可以享受休闲、购物、旅游观光等多重欢乐。"天津之眼"摩天轮，是海河开发一桥一景的杰出代表作，是镶嵌在海河上的一颗璀璨明珠。

关于"天津之眼"还有一个美丽的传说。据说，摩天轮上的每个盒子里都装满了幸福，所以当人们仰望摩天轮时，就是在仰望幸福。天津之眼是世界唯一建在桥上的摩天轮，也给了期待幸福的人们更多的渴望。确实，"天津之眼"从"睁开"的那一天起，就开始让幸福飘溢，就开始守望我们这座希望之城并见证它的不断变迁。

门票信息： 70元。

开放时间： 9：30—21：30，每周一上午摩天轮例行检修，不对外营业（节假日除外）。

交通导航： 乘坐641路、646路、659路、670路在金钢桥站下车。

天津解放桥——百年历史老桥

天津解放桥，位于天津火车站与解放北路之间的海河上，是一座全钢结构可开启的桥梁，建于1927年。桥长97.64米，桥面总宽19.5米。它不仅是天津的标志性建筑物之一，也是连接河北、河东、和平三区，沟通天津站地区的枢纽桥梁。

　　天津解放桥原名万国桥，即国际桥之意，北连老龙头火车站，南通紫竹林租界地。因当时的天津有英、法、俄、美、德、日、意、奥、比等9国租界，故得此名。由于该桥位于法租界入口处，又是由法租界工部局主持建造的，所以当时天津民众把它称为法国桥。抗日战争胜利后，当时的国民政府以蒋介石的名字命名此桥，由万国桥改名为中正桥。电视剧《情深深雨蒙蒙》讲的是老上海的故事，剧中有个赵薇跳桥的镜头。其实赵薇跳的不是上海的桥，而是天津的解放桥。

　　解放桥附近原有一座老龙头桥，是法租界当局要求清政府于1902年修建的。当初修建的时候，考虑不周，不但桥身狭窄，而且不能开启。到了20世纪20年代，已经不能适应天津城市发展和港口贸易增长的需求，所以在建成之后，于1927年拆除。

海河上的解放桥

桥体开启功能

　　万国桥于1923年开工，1927年竣工。原定工程费用以100万两白银为限。开工以后，造价大为提高，主桥增至152万两，拆除旧桥等增至39万两，共计190万两白银，遂成为海河上造价最高的一座桥梁。该桥性能良好，至今通车无阻，一直沿用至今。万国桥是一座双叶立转式开启钢结构大桥，桥长97.64米，桥面宽19.50米，桥身分为3孔，中孔为开户跨。开户跨为双叶立转式，在桁架下弦近引桥部分背贴一固定轨道，开桥时活叶桁架沿轨道移动开启，以便让开更大的通航净空。合则走车，开则过船，"万国桥下过大船"，曾经是海河一景。

　　2007年1月18日，经过8个多月的封闭施工，八旬高龄的解放桥修旧如旧，完全按照原貌修复完成，竣工通车，并恢复了桥体开启功能，为靓丽的海河再添新景。解放桥上曾留下过许多故事，不仅有解放军用一个连的兵力、仅用20多分钟时间攻克大桥的佳话，也上演过一些人纵身桥下寻短见的人间悲剧，还先后在此拍过《马永贞》《雷雨》《大决战之平津战役》《被风吹过的夏天》等影视剧。最为扑朔迷离的，是至今没有搞清楚大桥设计者到底为何方人士。比较盛行的传说，乃是法国巴黎埃菲尔铁塔的设计者。戴相龙做天津市长访问法国时，中新社的一篇发自巴黎的电讯说，埃菲尔在中国的唯一作品在哪里？答案是天津。这位以建造巴黎铁塔而闻名的工程师在中国留下唯一的作品就是天津的解放桥。

门票信息： 免费。

开放时间： 全天开放。

交通导航： 乘坐地铁3号线到津湾广场站下车步行至解放桥。

滨海航母主题公园——登上航母开眼界

推荐星级：★★★★

天津滨海航母主题公园是以"基辅"号航母旅游资源为主体，以娱乐性军事活动为主题，将参与性娱乐与国防教育相结合，围绕军事主题将园区打造成为世界最大的军事主题公园。

天津滨海航母主题公园简称"滨海航母"，地处滨海新区旅游区核心区域，坐落于天津市滨海新区东北部汉沽八卦滩。占地面积5.57平方千米，是以"基辅"号航母这一独特旅游资源为主体，以军事为特色主题，集航母观光、武备展示、主题演出、会务会展、拓展训练、国防教育、娱乐休闲、影视拍摄八大板块为一体的大型军事主题公园。

"基辅"号航母是前苏联"基辅"级航母的首制舰，建造于1970年，1975年建成服役，1994年退役，曾经是令世界瞩目的海上"巨无霸"，被西方世界畏之如虎的"海上杀手"。服役期间曾出访朝鲜和阿尔及利亚、印度等国，被誉为"水晶理想""国家名片"。"基辅"号作为前苏联北方舰队的旗舰，曾是前苏联海军的象征。

"基辅"号舷号为075，全长273.1米，宽52.8米，全高61米，船体以甲板为界，甲板以上8层，甲板以下9层，全舰共17层。标准排水量32 000吨，满载

"基辅号"航母

航母上的装备

排水量40 500吨，续航力13 000海里（1海里=1.852千米），最大航速32节，舰载官兵1 400名，舰载飞机33架，其中Ka-27/Ka-25反潜直升机19架，Yak-38短距离垂直起降战斗机12架，另有一架教练机和预警机。

飞行甲板

　　天津滨海航母主题公园对基辅号航空母舰进行恢复性改造，最大限度保持原舰风貌，重现水兵工作与生活的场景，围绕军事主题开发参与性娱乐项目。舰上开放面积8万余平方米，设有作战指挥中心、情报舱、航母科技馆、舰船发展史、水兵倾斜舱、勇士走廊等几十个项目。舰下建设世博天津馆、码头广场、4D影院、航母野战营等特色项目。

内部展示

内部展示

2010年，滨海航母推出好莱坞大型实景海战表演剧"航母风暴"，该剧5月到10月期间每日上演，为天津乃至全国游客提供一个形式新颖、场面震撼、内容独特的文化旅游大餐。"航母风暴"是全球首个以真实航母为题材的大型实景海战表演的"国际大片"，它表现的是在航母舰下一场正义与邪恶的生死较量。除了动用航母为真实背景，恢复航母舰首武备功能并参与激烈战斗外，"航母风暴"还使用跳船、风扇机船、海豚潜水艇、橡皮艇等先进道具，潜水、跳水、速降、爆破、烟花等特技特效表演为游客带来震撼和刺激。

"世博天津馆"永久落户滨海航母主题公园，并于2011年"十一"正式对外开放。重建的世博天津馆建筑规模为4 000平方米，比原世博天津馆面积扩大近7倍，是见证和永久纪念世博会天津风采的重要载体，也是更好地宣传、展示和推广天津，"让世界了解天津，让天津走向世界"的重要窗口。

门票信息： 160元。

开放时间： 9：00—17：30旺季（3月1日—11月30日）；9：00—17：00淡季（12月1日—次年2月28日）。

交通导航： 乘坐133路、462路到滨海航母主题公园下车即到。

天津广播电视塔——高耸入云的天塔

天津广播电视塔位于市区西南的天塔湖中，简称"天塔"，是津门十景之一。塔高415.2米，是世界第六、亚洲第二高塔，可同时播出数套电视及广播节目。

天津广播电视塔，津门十景之一，景名"天塔旋云"。天津广播电视塔坐落在河西区体院北，西靠风影绮丽的水上公园。

电视塔矗立在天塔湖中心，地势开阔，环境优美。亭阁式的塔座，抛物线状的圆体塔身，飞碟形的塔楼，圆柱形的桅杆，巍峨壮观。广播电视塔设有瞭望厅和旋转餐厅，游人举目四望，百里津城的秀美风光尽收眼底。塔身挺拔俊秀，一揽九河风流；塔楼飘忽云间，俯瞰人间繁华。更有天塔湖一池碧水，北立喷泉，闻歌而起舞，南耸群峰，瀑落而霞飞。云天溶洞，奇石嶙峋，曲径通幽，堪称津门首景，旅游胜地。

电视塔拥有从美国、日本引进的大型观览车"激流勇进"。其中筑波游泳场有造波池、环流河、浮桥、水按摩瀑布、滑索，可同时容纳500人。塔区内繁花姹紫嫣红，草木浓绿扶疏，环廊三级叠水，流光飞舞，是居民喜爱的游乐场所，也是国内外宾客来津旅游观光的风景区。

门票信息： 50元。

开放时间： 全天开放。

交通导航： 乘坐8路、11路、16路、35路、94路、161路、632路、658路、662路、677路、859路、858路、901路、951路公交车可到达。

天津广播电视塔

海河外滩公园——尽览海河风貌

海河外滩公园东起塘沽新华路立交桥，西至悦海园高层住宅小区，北至上海道解放路商业步行街，南临海河，平面呈不规则带状梯形。海河外滩公园开阔的空间无疑使其成为滨海地区最大的休闲广场，为百姓休闲、健身提供了一片广阔的天地。

海河是天津的血脉，是天津的母亲河。海河又称沽河、白河。它集纳百川，通达四海。中国北方的许多河流，流经天津，会成潞河、卫河，即北运河、南运河，然后在三岔河口交汇，成为海河干流，穿过天津市中心，蜿蜒73千米，东入渤海。河、海之利，加上天津蓟北雄关，形成了中国大城市中独有的山、海、河壮丽景观。在悠悠海河水中乘舟泛游，触摸这座城市的血脉，欣赏那洒于河上的阳光，非常享受。

海河外滩公园是天津市海河开发中最早开发、最早竣工的项目。位于天津市塘沽区，北至上海道解放路商业步行街，南临海河，长约1千米，占地面积13万平方米。在沿河岸线中间位置上，有主喷高达170米的全国最大的河中喷泉。外滩沿线由文化娱乐区、商业休闲区、绿化景观区和高台景观区四部分组成，与沿河木制人行步道相贯通。

在外滩的整体设计上，要求着重体现"为民"和"超前"理念。海河外滩公园开阔的空间无疑使其成为滨海地区最大的休闲广场，为百姓休闲、健身提供了一片广阔的天地，体现了"还河于民"的主导思想，改变目前人们临水不亲水的现状。

海河外滩公园上最抢眼的大、中、小三组结构大悬挑构架"碧海帆影"，自西向东分别高达100米、70米、50米，分别矗立在第一、第二、第三景区内，三个构架像大海中航行的帆船，与蔚蓝的海河水相映生辉。龙舟赛前，著名的"东方公主"号游轮还将停靠于外滩公园对岸，彼此间遥相呼应，相映成趣。

海河外滩公园风貌

公园喷泉处

　　海河外滩公园建有全国最高、最长的喷泉景观。其主喷高度达170米、东西长360米，这组喷泉共有27种水型，并有"水上喷火"的独特景观，堪称国内水景之最。

　　广场建设有2.5万平方米的绿地、花坛及热带雨林的绿化景观，建设有3.4万平方米的商业设施。为确保外滩广场夜晚亮起来，广场内外装点各种泛光灯、景观灯1万套，另有19组风格各异的青铜景观雕塑点缀在广场的不同部位，极具观赏价值。

门票信息： 免费。

开放时间： 全天开放。

交通导航： 乘坐101路、102路、617路、820路、834路、844路等公交车可到达。

水上公园——无限风光在其中

推荐星级：★★★★

天津水上公园依水设景，以水取名。园内有三处湖面：东湖、西湖和南湖，水面广阔，景色宜人。极具天津个性与特色，有景可看，有史可叙，有情可抒，是天津最大的综合性公园。

　　水上公园是一个以水为主的综合性公园，也是津门十景之一。原称"青龙潭"，作为风景游览区，其历史可追溯至20世纪初。由于这里"芦苇茂盛、水禽栖息、自然天成、野趣横生"，每逢夏秋，皆有船户载客沿卫津河至青龙潭附近游弋纳凉。当年，随着北洋大学、南开大学在八里台的落成，这里又成为师生们游泳消暑之所。可见，水上公园的生成得益于天津新文化的兴起。

　　水上公园始建于1950年，面积为1.25平方千米。其中，陆地面积为0.5平方千米，绿化面积达35万平方米，水面面积为0.75平方千米，园林花木近200个品种，是天津市规模最大的综合性公园。建园近60年来，在各级政府的关怀下，经过几代园林建设者的辛勤耕耘，形成了风光秀丽、水波粼粼的风景名胜区。1991年，被天津市民评为"津门十景"之一——龙潭浮翠；2004年，被国家旅游局评为AAAA级旅游风景区；2009年，水上公园经过大规模景观提升改造，定位为"北方西湖，水上四季"。

　　水上公园由三湖五岛构成（东湖、西湖、南湖；春岛、夏岛、秋岛、冬岛、瀛岛）。三处明清式长廊镶嵌绿荫之中，姿态婀娜，引人入胜；环湖绿树成荫，湖面荷花吐艳，玉带碧水之间众岛与眺远亭遥相辉映；七座石拱桥与多处仿明清建筑争相媲美；"水景长堤""水晶广场"多姿水景，步移景异，诱人眼帘；翠堤览胜、桃柳宜春、秋宇清霜、冬宜雪韵等景观区域季相突出，风貌宜人；盆景园、神户园、水生植物园风格独具，美不胜收。

颇具承德避暑山庄神韵的"碧波庄"坐落于公园的东南部，该园临水而建，占地15 000多平方米，建筑面积1 010平方米。园门上方高悬"碧波庄"三个大字，是由著名书法家李研吾所撰。园内有涟漪院、畅心楼、碧泉轩、愉欣园等景区，建筑为青砖灰瓦，雕梁画栋，玉栏红柱、回廊石砌。园内各房舍亭阁则分别被冠以蓬莱别馆、潜珍阁、待月轩、朗照轩、横翠、迎客来等，且有我市著名书法家余明善、龚望、王坚白、李鹤年、李邦佐、马玉勇等题写的牌匾楹联。这些亭台楼阁错落有致、曲径通幽，给人以古朴厚重地感觉。在这里，游客在观园赏景的同时，还可领略欣赏天津市著名书法家的书法精品，园内还有镌刻着天津市百名文人书写的100个福字的"百福影壁"，俗称"百福屏"，弥足珍贵。

"神户园"毗邻碧波庄，占地10 000平方米，主要建筑材料大多来自日本神户，为原汁原味的日本庭院式园林，是1989年为纪念天津市与日本神户市结为友好城市15周年而建，同年10月正式开放。园内有飞瀑清潭，小桥流水，芳草繁花，柳绿樱红。松亭木屋、风灯粉墙、颇具异国情调。其布局构思精巧，实为我国为数不多的日式园林。

"天津盆景园"坐落于水上公园西北部，毗邻公园北大门，该园为仿苏州园林式建筑。园内荟萃我国川派、海派、徽派、扬派、苏派及岭南派等六大骨干流派精品盆景300余盆，为我国华北地区规模最大、展品流派最全的盆景园。该园匾额由已故著名书法家启功先生题写，悬挂于大门两侧的楹联"隔窗云雾生衣上，卷幔山泉入境中"，是著名书法家庚仲阳先生的墨宝。更为难得的是园内大门处静卧一形似神龟的巨石，向游客翘首仰望，因此被称为"龟寿石"。

"三友斋"内还悬有一方汉代金丝楠木匾，上刻"壶天自春"四个大字，为扬州文人邓板哉先生手书，这两件奇物堪称"镇园之宝"，令游客叹为观止。同时园内还建有气度恢宏的天舫楼，精巧雅致的畅雅斋、尺韵馆、三友斋、同坐轩、玉翠堂等苏式仿古建筑，常年展出所藏盆景、奇石及书画。每到初春时节，园内玉兰绽放，香绕满园；若至深冬，这里又腊梅傲雪，暗香袭人，真所谓四季有景，回味绵长。

水上公园夜景

　　水上公园文化底蕴深厚。新中国成立之初，谢觉哉老人曾两次乘船夜游湖面；20世纪60年代，柬埔寨西哈努克亲王来津并在水上公园下榻；李鹏总理与朱镕基总理都曾来公园游园赏菊。

　　今日之水上公园已经成为白天赏心悦目，夜晚五彩缤纷，让人流连忘返的津门游览胜地。

门票信息： 30元。

开放时间： 7：00—21：00。

交通导航： 乘坐观光2路、52路、643路、668路、685路、857路、862路、871路、872路、879路、904路公交车可达。

世纪钟广场——迎接新世纪的到来

世纪钟广场位于河北区海河之滨，为迎接新世纪建造，2000年底落成。古典与现代浑然一体，东西方特色相互交融，寓意时空无限，时不我待。与古老的解放桥互相映衬，向人们诉说着中国的近代工业从这里开始。

天津世纪钟位于天津市河北区海河之滨，天津站西侧，解放桥环岛5 000平方米的绿地上。世纪钟钟高40米，通体金属，流光溢彩。钟摆上下，日月辉映，整个世纪钟在庄重之中显出飘逸隽永，钟表、长杆、齿轮、底座构成了一个完美的时空造型，标志着天津这座老工业城市在历史的进程中已经又前进了一大步。

钟盘圆周，众星拱卫，中西交融，天人和一。古典与现代浑然一体，寓意时空延续，时不我待。该钟十万年的走时误差仅为1秒。盘芯及钟指针采用花挡镂空制作，显得古朴典雅。厚重的锻铜底座上布满大小齿轮、链条以及巨大的钢制螺钉、铆钉，与古老的解放桥互相映衬。

世纪钟钟表盘的周围采用12星座的浮雕，画面都是根据最原本的故事创作。白羊座放在顶端12点的部分，因为羊在中国代表吉祥；将天秤座放在最下部6点的部位，因为秤代表公平。这些都体现了中西文化相融合的观念。

门票信息： 免费。

开放时间： 全天开放。

交通导航： 乘坐公交5路、8路、13路、24路、27路、50路、824路、832路、951路等到天津站下车可到达；乘坐公交91路、92路、806路、676路、185路等到海河广场站下车可到达。

世纪钟广场

天津自然博物馆——访古探源的好去处

推荐星级：★★★★★

天津自然博物馆是全国目前最大的自然博物馆，也是我国著名自然博物馆之一，位于天津市和平区马场道206号。它以历史悠久、馆藏丰富、科研成果卓越享誉中外。馆藏的生物、地质和化石标本，以其来源广泛、门类齐全和珍品荟萃形成三大特色，为天津自然博物馆的收藏、研究和展出奠定了坚实的物质基础。

天津自然博物馆前身是1914年法国神甫桑志华在马场道119号创建的北疆博物院，是我国著名自然博物馆之一，也是我国历史最长、藏品最丰富的地矿、生物学科的自然博物馆。为了保护和弘扬天津市珍藏的自然科学文化遗产，1997年中共天津市委、市人民政府投资建设新馆，1998年9月落成，并于1998年10月1日向世人开放。

新馆占地面积2万平方米，建筑面积1.2万平方米。中心展厅采用乳白色金属壳体与玻璃半球体的吻接造型，透明的半球体和相衬的白色壳体建筑构成"海贝含珠"的优雅造型，成为天津市中心区又一壮丽景观。

新馆展厅内外有完善的服务设施，三楼有电教厅，二楼有观众休息厅（博物馆纪念品商店），还为残疾人设置了无障碍通道及专用卫生间。为方便外国朋友参观，新馆设置了3个语种的语音导览机。

天津自然博物馆是全国生物和地质、古化石等标本的主要收藏馆，也是全国为数不多的集动物、植物、古生物、地质等多学科的综合性博物馆。该馆分陈列馆、藏品库、植物园、业务用房4个功能区，许多标本是首次面世。

天津自然博物馆的基本陈列包括：序厅、古生物一厅、古生物二厅、水生生物厅、两栖爬行动物厅、动物生态厅、昆虫厅、海洋贝类厅、热带植物厅。这些陈列采用国际博物馆界流行的主题单元展示法，围绕"地球与生命"这一主题，集中表现了物种的多样性、生态的多样性、生物与周围环境的统一、人与自然的和谐。

天津自然博物馆外观

天津自然博物馆的基本陈列经中国科学博物馆协会组织博物馆界知名专家、生物学家、古生物学家进行详细而认真的评估，专家们一致认为该馆展示新颖别致，是科学、艺术与高科技的有机结合，体现了现代博物馆的新思维与风貌。该陈列获国家文物局1998年"全国十大陈列展览精品"称号。

天津自然博物馆馆藏量达38万号之多，居全国同类博物馆之首。馆藏一、二级珍品1 305件，模式标本1 452件。多数模式标本为我国乃至世界瑰宝中的珍品。

博物馆最重要的藏品，一种是中国新生代晚期化石动物群标本。其中，1935—1937年在山西榆社盆地出土的哺乳类动物群化石，揭示了一些动物在长达1 000万年中的演变过程；20世纪20年代在甘肃庆阳发掘的大量第三纪哺乳动物化石、河北桑干河盆地泥河湾动物化石和内蒙古鄂尔多斯地区古萨拉乌苏河化石动物群，是中国最早发现的旧石器时代遗存的"河套文化"。

另一种是华北、西北现代动植物区系标本。鸟类和哺乳类基本齐全，昆虫类达23万号之多，植物标本中最具特色的是西北荒漠植物。

博物馆还经常到各省、市和各区、县举办不定期的小型展览。此外，博物馆还和国内外有关科研单位合作编写出版多部论文、专著。

门票信息： 20元。

开放时间： 9：00—17：00（15：30停止售票），每周一闭馆。

交通导航： 乘坐观光2路、9路、14路、47路、48路、95路、98路、175路、662路、677路、685路、695路、698路、831路、838路、855路、902路、904路、951路、963路至佟楼站。乘坐870路、871路、872路至实验中学站。

天津自然博物馆旧馆

热带植物观光园——领略热带风韵

推荐星级：★★★★★

天津热带植物观光园位于天津市外环线7号桥、华北地区最大的花卉集散地——曹庄花卉市场旁，占地面积30多万平方米，为钢结构、全透明、大联体式建筑，集观赏娱乐、休闲购物、科普教育于一体，堪称亚洲最大的室内植物园，是天津市新增的一处特色旅游景点。

　　天津热带植物观光园位于天津市外环线7号桥、华北地区最大的花卉集散地——曹庄花卉市场旁，总投资2.6亿元，占地面积30多万平方米，建筑面积4万平方米，为钢结构、全透明、大联体式建筑，集观赏娱乐、休闲购物、科普教育于一体，堪称亚洲最大的室内植物园，可与英国著名的"伊甸园"相媲美，它的建成开业为天津市增加了一处特色旅游景点。天津热带植物观光园是国内首家采用先进环保节能型燃气辐射供暖系统，智能化的通风、遮阳、降温等设备，在北方地区利用现代化温室营造热带景观，开发植物观光的旅游单位。以植物造景为主，按照植物所需的适生条件，创造出与植物原生环境相适应的景观环境。

　　天津热带植物观光园内种植热带及亚热带植物2 000多种，30多万株，将热带雨林中茂密参天的大树以及壮观的独木成林、绞杀等雨林景象移到植物园，让生活在北方的市民在家门口就能领略热带风韵。植物园不受季节和天气的限制，四季恒温，常年温度20℃以上，湿度70%以上，一年内总是满园春色，鸟语花香，繁花盛开，一派南国风光，使人心旷神怡。游人漫步其中不禁发出"早知有此园，何必下江南"的感慨，更有外地朋友提出，到天津必到热带植物园饱览北方大地的南国风光。

　　天津热带植物观光园分为4个功能区，即服务厅、花卉厅、科教厅、雨林厅。花卉厅进口处正中生动地再现了伟大领袖毛主席于1959年9月19日亲自来这里视察农业一线生产、在田间与农民亲切交谈的场面。塑像身后五彩音乐喷泉飘洒出万道霞光。万千枝四季时令花卉，姹紫嫣红，争奇斗艳；通过澳大利亚进口的加拿利海枣矗立在万花丛中；钟乳灵璧、太湖玄音，石景雅趣，相得益彰。在沙生区可充分领略沙漠植物在人工营造的全封闭干热气候环境下展现出的别具特色的风韵。

热带植物园美丽的热带景观不仅吸引着四面八方的游客，也吸引了众多新人们的目光，如今每天都有近百对新人到园内拍摄婚纱照，将植物园的美景作为一生的珍藏。还有不少结婚的新人在婚礼当日到植物园拍摄外景，也为植物园增加了一道喜庆的风景。热带植物园如今已成为新人结婚典礼、朋友聚会、举家出游休闲等首选绿色生态活动场所。

2009年中北运河冰雕乐园的建成开放，与热带植物园形成了强烈的冷热对比，让游客感受"一日踏遍南北，一行体验冷暖"的终极刺激。

2010年，中北镇政府再次花巨资在园内新建了4D影院，植物园从此由观光旅游景区迈向了观光、娱乐一体化综合游乐景区的道路。

门票信息： 50元。

开放时间： 7：00—17：00。

交通导航： 可乘坐616路、620路、645路至曹庄花卉公交站站下或乘地铁2号线到曹庄站下即可。

天津极地海洋世界——与海洋动物同乐

推荐星级：★ ★ ★ ★ ★

天津极地海洋世界是以海洋公园为主题的大型开放式旅游项目，是目前世界上规模最大、展示极地海洋生物品种最全、数量最多的极地海洋动物馆。

　　天津极地海洋世界是由大连海昌集团投资36亿元人民币兴建的以极地海洋文化为主题的大型开放式旅游景区。项目位于塘沽区海河外滩南岸，西临海门大桥，东临迎宾大道。

　　天津海昌极地海洋馆建筑面积达47 000平方米，外观造型酷似畅游中的鲸鱼，最高建筑高度67米，是目前世界上规模最大、展示极地海洋生物品种最全、数量最多的极地海洋动物馆，场馆现正在申报吉尼斯世界之最。

天津极地海洋世界外观

　　天津极地海洋世界从世界各地引进200余种海洋动物，珍稀鱼类上千种，这其中包括世界现存稀有的北极熊，难得一见的北极狼、北极狐以及白鲸、伪虎鲸、帝企鹅、海狮、海象、跳岩企鹅、海豹等。游客可以在馆内与各种"海洋精灵"零距离接触，与海豚亲吻、握手，亲手喂养白鲸等，体验全国最高端的极地海洋乐园。

　　天津极地海洋世界由极地动物展区、海洋动物展区、海底世界、无水海洋、鲨鱼展区、珊瑚展区、水母展区、科普互动展区、表演场（欢乐剧场）等9大展区组成。馆内白鲸、海豚、北极熊、企鹅、北极狐、北极狼等共130余只大型南北极地、海洋动物，3万余条海洋鱼类汇聚一堂。

　　极地动物展区有名的"大众情人"企鹅，无论老少都被它可爱憨厚的外表逗得合不拢嘴。这里有国内最大的企鹅展区，面积有100平方米，白眉企鹅、帝企鹅、帽带企鹅、阿德里企鹅等各种企鹅组成的部落在这里安家落户。2只"北冰洋之王"——北极熊，体型较大的叫欢欢，体型较小的叫乐乐。北极熊大哥欢欢可是明星了，天生对镜头情有独钟，所以经常"粉丝"不断，围在它家门口。国内唯一北极狐、北极狼在这里同时亮相，难得一见的北极狐体型娇小可爱，被人们誉为"雪地精灵"；2只北极狼彪悍好斗，每天都不停地巡视自己的领地，偶尔还会向对面的北极熊发出一阵阵挑衅的号叫。

　　海洋动物展馆内目前展示4只白鲸，它们号称"海洋中的金丝雀"，是人类最好的朋友，因特殊的外貌、易受吸引的天性及可接受训练等因素，使其成为海洋世界最受观众喜爱的明星之一。海狮因它的面部长得像狮子而得名，可潜至海底打捞沉入海中的东西。海象的长牙形状很像象牙，人们就形象地把它叫作海象，其体重可达1.5吨。海豹展区面积有130多平方米，海豹可一口气潜到水下100米的深度，20分钟不用换气。

　　在鲨鱼展区，可近距离观赏各种鲨鱼。鲨鱼具有敏锐的嗅觉，它们能闻到数千米外的血液等极细微物质的气味，并可追踪其来源。

珊瑚展区色彩艳丽，形态优美的各色珊瑚在近900平方米的海底世界，为大家展示它们的美妙与瑰丽。展区内不仅有千姿百态、五光十色的珊瑚，还有天草海刺、澳洲斑点水母、彩色水母、朝天水母、海月水母等稀有品种，再加上艳丽无比的各色海葵，组成了水下生物的快乐大家园。

鲜明的海洋特点、独特的极地风貌、人与自然和谐共存的氛围，使得天津极地海洋世界在2010年被评为天津市最具人气的旅游景区，成为滨海新区、天津市乃至整个华北地区新的旅游名片。

门票信息： 160元。

开放时间： 9：00—17：00。

交通导航： 乘坐103路、107路、820路、936路在外滩站下车；或乘110路、821路到陀地站下车。

杨村小世界——不出国门就能周游世界

杨村小世界位于武清县杨村镇西，是集世界各地知名建筑于一园的微缩景观游乐园。

　　杨村小世界位于天津市武清县杨村镇西，在天津和北京之间，京杭大运河之畔，京津塘高速公路的匝道口。交通十分便利，空气十分清新，具有田园气息。

　　杨村小世界集世界各地著名的有代表性的名胜、古迹、建筑、艺术精华于一园，按照一定比例缩微，并配有相应的文化娱乐活动及服务设施。它是在我国建成的第一座世界缩微景观游乐园。

　　杨村小世界占地32万平方米，全园布局大致按照地球的自然版块，"四大洋""五大洲"山水相间。山有世界第一高峰珠穆朗玛峰、法国的圣米歇尔山、美国的拉什莫尔峰等。水有世界第一洋太平洋及印度洋、大西洋，世界第一大河尼罗河。10多万平方米水域除部分种莲养鱼供人观赏、垂钓外，还可乘哥伦布游船环游世界。世界各地的著名桥梁把园中水面和陆地连成一体。景点分布合理，错落有致。80多国的113个景点按照1：1～1：50的比例缩微于园中。景间小径迂回，绿树成荫，东西方的园林有机结合。

　　"杨村小世界"，使人不出国门，就能周游世界，观赏各国风景名胜，真是值得一游！

门票信息： 20元。

开放时间： 9：00—17：00。

交通导航： 乘坐611路公交车可达。

西沽公园——原生态的植物景观

西沽公园是天津市西北部一座大型的综合性公园，1958年由市属铁路局农场改造而成，占地面积约34万平方米，其中水域面积近7万平方米。园内以植物原生态景观为特色，有海棠、紫藤、月季等多个植物观赏区，并存有银杏、水杉等稀有珍品。

西沽公园位于天津市红桥区光荣道与桥北大街交口处，原为铁路局的一个农场，1958年改造为公园。全园以自然景色为主要基调，园内植物茂盛，种类繁多，有海棠、紫薇、月季等6个植物观赏区，并存有银杏、水杉等稀有珍品。蜿蜒曲折的带状湖在座座风格独特的小桥映衬下给公园增色不少。

西沽公园有自控飞机、碰碰车等儿童游艺器械以及由一个标准游泳池和水上游乐场组成的水上乐园。孤岛山四面环水，以桥与外相连，十分幽静。园内辟有老干部活动中心和花、鸟、鱼、虫市场。

西沽公园三季有花，四季常青，花团锦簇，五彩缤纷；高大密植的乔木遮天蔽日，常绿灌木、白玉兰林、果木林点缀其间，身在园内，仿佛进入"大森林"；五步一苍，十步一翠，沁人心脾。幽静的林间小路，新颖别致的花架、游廊、凉亭、水榭，湖光潋滟，自然野趣横生。每值酷暑，这里的气温总比园外低5℃以上，宛如避暑胜地。每年举办全市性的菊展、月季展、春节"迎春花市"、正月十五展花灯和阳春桃花节。

西沽公园的历史不长，但西沽早在19世纪就已有之，而且风景如画，美不胜收。记得周汝昌先生曾在诗中有过记载："帆影钟声七二沽，桃堤柳埭画难图。津门风物真无价，赏遍寰区总不如。"

西站站区枢纽与西沽公园主入口之间以两条新型有轨电车连通，两条轨道中间是一条百米宽的绿色长廊，北面是近2千米长的河畔带状公园"桃花堤"，连成近5千米长的绿色生态走廊。西沽公园宛若一颗"绿宝石"镶嵌在西站站区枢纽商业区中。

西沽公园雪景

公园一角

　　桃花堤蜿蜒5千米，北依大运河。清初，沿堤植山桃、碧桃寿星桃，循坡载绿柳、金柳。春暖花开时节，桃花云蒸霞蔚，踏春游人如织。康熙、乾隆二帝南巡均在此登临，并留有诗词多篇。中国第一所现代大学——天津大学的前身北洋大学就是坐落于此，校歌云："花堤蔼蔼，北运滔滔，巍巍学府北洋高。"

门票信息：5元。

开放时间：全天开放。

交通导航：乘坐5路、10路、155路、642路、653路、801路、810路、852路、855路、859路、869路、906路等公交车可到达西沽公园。

天津博物馆——文物精品大荟萃

天津博物馆是一座历史艺术类综合性博物馆,其前身可追溯到1918年成立的天津博物院,是国内较早建立的博物馆之一。历史类文物与艺术类文物并重是其收藏的一大特色。

　　天津博物馆位于天津市河西区友谊路与平江道交口的银河广场上,是展示中国古代艺术及天津城市发展历史的大型艺术历史类综合性博物馆。2004年由天津市历史博物馆和天津市艺术博物馆合并而成。

　　馆占地面积约64 003平方米,拥有11 000平方米的现代化展厅。外形似从湖面振翅欲飞的天鹅,线条优美,时代感与艺术性超强,是天津市的标志性文化设施。

　　馆藏文物达20万件,包括书法、绘画、玺印、青铜器、陶瓷器、砚台、甲骨、钱币、玉器、邮票等传世文物和历史文献、地方民间工艺及天津地区出土

馆藏文物

蜡像

文物等多个门类，其中尤以古代陶瓷器、书法、绘画、砚台、钱币以及中国近代历史文物、文献最为突出。此外，馆内还藏有20余万册各种专业图书资料。馆内拥有大型历史主题陈列"中华百年看天津"，大型文物主题陈列"百年集珍——馆藏文物精品陈列"和瓷器、书法、绘画、砚台等一系列古代艺术品专题陈列，展现了天津厚重的历史及中华文化的博大精深。其中，"中华百年看天津"大型历史主题陈列采用三维空间的展示手法，通过对大量珍贵文物、文献与历史照片的集中展示，力求展现出一个真切、完整的天津。"百年集珍——馆藏文物精品陈列"通过馆藏107件文物精品的展示，揭示了天津文物收藏的历史特点和深厚实力。

天津博物馆是天津市规模最大、种类最为齐全的博物馆。馆中的主要展品是来自历史博物馆和艺术博物馆两座博物馆中馆藏珍品的集合，共有青铜器、玉器、名人字画等珍贵文物数十万件，其中大部分是国家一、二级文物，有一些甚至是我国仅存、很少跟观众见面的珍品。

作为天津的标志性文化设施，天津博物馆集收藏、保护、研究、陈列为一体，竭诚为国内外观众奉献各种精美展览。天津博物馆不仅肩负着保护本地区地上、地下物质文化遗产的重要职责，更是集中展示华夏文明的一座艺术殿堂和承续天津地方历史文化的主要场所。

门票信息： 免费。

开放时间： 9：00—16：30（周二至周日开馆，周一闭馆）。

交通导航： 乘坐公交47路、662路、668路、686路、800路（单程）、835路、868路、912路可以到达。

天津博物馆外观

宝成奇石园——6项世界之最

推荐星级：★★★★

宝成奇石园位于津南区双桥河镇宝成新村，这个占地8万平方米的"东方宝成奇石园"入选了《吉尼斯世界大全》，成为2000年世界之最。

　　天津宝成奇石园是目前世界上最大的天然灵璧石人造石林，位于津南区双桥河镇宝成新村。园内拥有奇石、名石数十种共4 000余块，其中有一块高10.7米，重73吨的巨石，被称为"亚洲第一石"。

　　宝成奇石园的修建耗资约1.2亿元人民币，它的定位是以奇石文化为主体，兼有海河文化、民俗文化、传统宗教文化等特色，集观光旅游、科普教育、休闲度假、会议展示、康复理疗和健身娱乐一体的国家5A级旅游景区，努力建设成为闻名世界的、充分体现人与自然和谐相处意境的中国名园。它的主题是纵向展现46亿年石的发生、发展和变化之"大地奇观"，横向上感受五千年中国乃至世界之石文化在历史变迁中的"美的历程"。

　　园内的主要景观有九和塔、灵璧宫、天王殿、观音阁、慧眼乾坤等。

宝成奇石园风景

宝成奇石园

　　九和塔。九和塔高24.8米，共9层，是宝成奇石园的镇园宝塔。塔内每层都供有佛像，包括释迦牟尼佛、阿弥陀佛、药师佛、观音菩萨、文殊菩萨、大势至菩萨、地藏菩萨、普贤菩萨、韦陀菩萨等。

　　灵璧宫。灵璧宫中收藏了300多块精品灵璧石，创造了世界之最。灵璧石界最有权威的人士——孙淮滨老先生曾评价灵璧宫内收藏的是"天下绝无仅有、地球不可再生、世间独一无二"的奇石。

　　天王殿。天王殿是园中最为重要的殿堂之一。殿内正中为弥勒佛，又称未来佛，袒胸露乳、慈颜悦色。弥勒佛两侧为四大金刚，据说掌管着风调雨顺、护国安民的职责。在弥勒佛的身后，为手持金刚宝杵的韦陀护法，正气凌然。

　　观音阁。观音阁供奉观世音菩萨，观世音是梵文的音译。"观世音"三字，在唐朝时为避唐太宗李世民的名讳，简化成"观音"。观音以慈悲之心著称，在菩萨旁边的护法分别是善财童子和龙女。

将军像（唐）

米芾字刻

　　慧眼乾坤。慧眼乾坤又名福门，透过这只眼睛向里面看，九合塔、木化石林、福缘桥等全园美景尽收眼底。园中有石，石中有园，一览无余。这也是来到宝成奇石园不可不去的景点。

　　此外，宝成奇石园还曾创下过6项吉尼斯世界纪录，分别为规模最大的天然灵璧石人造石林、最长的汉白玉浮雕——"中国石文化图颂"（101米）、收藏灵璧石最多的展厅（300多块）、世界上最长的木化石（21米）、镌刻名人签名手迹和印章最多的一块灵璧石以及收藏数量最多的木化石石林（388块）。

门票信息： 成人票24元；学生票18元。

开放时间： 8：00—17：00（周二至周日开馆，周一闭馆）。

交通导航： 市内乘去塘沽的公共汽车，中途二道闸公路下车到奇石园。

北洋水师大沽船坞遗址——难以忘怀的"北洋舰队"

北洋水师，或称作北洋舰队、北洋海军，是中国清代后期建立的第一支近代化海军舰队，同时也是清政府建立的三支近代海军中实力和规模最大的一支。

大沽船坞创建至今已有120余年，是继福建马尾船政局、上海江南船坞之后，我国第三所近代船舶修造厂，也是我国北方早期的近代军械制造厂。

1880年3月，为了修理北洋水师舰船，李鸿章在大沽海神庙一带购地创建"北洋水师大沽船坞"。他在这里先后创建了"甲、乙、丙、丁、戊、巳"6个船坞，最大的船坞可容纳2 000吨的船只。

1890年后，"北洋水师大沽船坞"不仅负责修造舰船，还开始制造枪、炮、水雷等军械。

1900年，"北洋水师大沽船坞"被八国联军侵占。在经历了北洋、民国、抗日战争和解放战争后，1949年1月，大沽船坞回到人民手中。

如今，"乙、丙、丁、戊、巳"这5个船坞都在不同时期遭到不同程度的破坏，已经淤塞、被填埋，仅存下来的只有一处"甲"字坞、一处轮机厂房旧址、一处旧码头、一处海神庙遗址以及两株建厂初期的古杨树。

大沽船坞的甲坞建于1880年5月，如今仍在使用。1977年，将建坞初期的板基泥坞改建为水泥坞，所以该坞至今保存完好。而建厂初期的轮机厂房则由于风雨等自然因素的破坏，导致房顶及墙壁破损严重，现已不能使用。海神庙遗址也已遭破坏，目前仅地下部分残留了下来。大沽船坞纪念馆对其遗址进行圈围保护，立标说明。

北洋水师大沽船坞遗址

门票信息： 无。

开放时间： 全天。

交通导航： 110路、111路、617路、627路、936路公交石油新村站下车。

天津大剧院——天津的"城市舞台"

天津大剧院是天津文化中心核心建筑。大剧院面向湖面，利用亲水平台创造出宽敞的公共空间，形成开放的"城市舞台"。

天津大剧院的前身是天津大礼堂。天津大礼堂始建于1959年，1961年建成，坐落在天津市河西区友谊路24号，是天津宾馆群体建筑中的会议中心，也是当时天津最大的群体宾馆、会堂建筑。

天津大礼堂面积约3万平方米，由建筑工程部天津工业建筑设计院王雅元主持设计，由天津市政府部门主导运营，风格上参考了人民大会堂的设计，主要功能为接待来宾、举办各种政府会议及一般性演出。天津大礼堂落成后，先后承接过历届中国共产党天津市代表大会、天津市人民代表大会、天津市人民政治协商会议等政治性集会活动以及官方主办的大型活动。

2000年起，天津大礼堂分两期开始进行改造。2000年8月，首先改造了天津大礼堂的中剧场，12月15日竣工并投入使用。第二年8月，再对大礼堂的大剧场和小剧场前厅进行改造。

天津大剧院

剧院内部布置

2002年3月30日，天津大礼堂改造工程基本竣工。改造后的天津大礼堂根据场地和功能的变化被命名为"天津大剧院"，其牌匾由当时中共天津市委书记张立昌题写。当时是大剧院和大礼堂共用一个建筑，在承办不同性质的活动时使用不同的名称。在举办由政府主导的官方活动时一般使用天津大礼堂的名称，在进行市场化运作、举办商业活动时使用天津大剧院的名称。

2009年9月，在计划和确定了方案之后，新的天津大剧院与天津文化中心开始动工兴建，时任中共天津市委书记张高丽等人多次亲临天津大剧院的建设现场考察，力促工程如期完工。

2011年5月4日，天津大剧院从天津大礼堂中独立出来，由政府负责运营的模式改为完全市场化运作，而原天津大礼堂由天津宾馆集团负责运营。

2012年4月22日，天津大剧院建成投入试运营，并成功进行了首场试演。4月27日，大剧院音乐厅进行了交响乐的试演。4月29日至5月7日，天津大剧院举办了系列演出活动。

2013年5月1日至6月30日，天津大剧院主办了天津首届国际室内音乐节，小提琴家安娜-苏菲·穆特、基东·克雷默，费城交响乐团室内乐组合、艾默森弦乐四重奏、中国钢琴家陈萨、二胡演奏家于红梅、古琴演奏家巫娜等数百名艺术家为观众呈现了19场各具特色的音乐会。

新建成的天津大剧院由歌剧厅、音乐厅、小剧场和多功能厅组成。

歌剧厅。歌剧厅位于天津大剧院入口的南侧，是天津面积最大的歌剧厅。歌剧厅的舞台更具特色，由4个部分组成，呈"品"字形。建筑台口宽18米，高12米，主舞台台面深24米，后舞台台面深21米，宽24米，侧台宽25米。主舞台可以升起、倾斜，在主舞台后方有3个双层活动舞台。活动舞台可以任意平移到观众席的正前方，这方便了根据剧情随时切换不同的舞台场景。观众区有4层，分为A、B、C、D4个区，共有1 600个座椅，座椅高度经过特别设计，前排与后排之间的高度差为12厘米左右，使得前面观众的头部不会挡住后面观众的视线。观众坐在任何一个位置，都可以清楚地看到舞台，不会出现视觉死角。此外，在舞台上的升降乐驰里还藏有105把座椅，从外面看上去，与周边的舞台地板没有差别，当需要使用的时候，这些座椅便会显露出来。

音乐厅。天津大剧院的音乐厅以演出交响乐和民族乐为主，厅内设有岛式舞台和钢琴独立升降台，舞台宽22米，深12米，可容纳120人四管乐队和大型合唱队。音乐厅中的座位共有1 200个，座椅的排列方式与歌剧厅不同，高低错落，看上去犹如山坡上的一块块梯田。这种座椅排列方式被称为"梯田山谷式"，它有两个优点：一是观赏效果好，在后排也觉得离舞台很近，而且坐席排距达0.95米，比国内一般标准的0.9米更舒适；二是视听效果好，达到了国际最高音响标准。观众坐在任意位置，都能听到动听的声音。

小剧场。小剧场位于歌剧厅和音乐厅之间，剧场的舞台前方，设有场内尺寸深22米，宽16米的400个观众座位。可供实验话剧、时装表演、室内乐、新闻发布等展演需要。舞台和观众座椅都是可移动的，可以根据需要变化出多种空间模式。

多功能厅。宽16米，场内深33.6米，有400个可伸缩观众座位，可供演出排练使用，也可对外开放。

此外，天津大剧院中还有学者大讲堂、音乐训练营等活动。

"文化天津·当代学者大讲堂"是中国文化系列讲座，挖掘了世界与中国经典文化精髓，运用自身独特的文化地理优势，演绎出穿越历史长河的系列文化经典传播节目。

而在音乐训练营，人们则有机会和管风琴大师学习管风琴这一历史中构造最复杂，体积最庞大，造价最昂贵的乐器。

天津美术馆——天津标志性文化建筑

推荐星级：★★★

天津美术馆坐落于天津市河西区友谊路与平江路交口，地处文化广场的核心位置，面积约为2.8万平方米。

    天津美术馆是中国最具现代化标准的美术展览馆之一，也是天津标志性的文化建筑之一。

天津美术馆

美术馆临湖而建，由德国KSP尤根恩格尔建筑师事务所设计，其展厅面积9 000平方米，可同时举办多个高规格、高质量的国内外大型综艺展览及活动。

天津美术馆外观简洁大方，极具现代气息。其内部设施完善，既有展览空间，也有休闲空间。地下一层为藏品库房，全部为按照博物馆库房标准体系建造的恒温恒湿库房。地上建筑共有4层。一层展厅既可用于临时性展览，也可作为开幕式大厅举办开幕式、酒会、信息发布会等。二、三层是特展厅，均为敞开式现代化展厅，适合展示丰富多样的各类当代艺术作品以及承办大型文艺类活动。四层设有基本陈列展厅，全部为恒温恒湿封闭展柜，主要展出馆内策划的常设陈列展，包括精选馆藏、精品文物及重要艺术家专题展等。此外，美术馆中还有一些备展区、开放空间展区，为艺术家展现其创造力和挑战性提供了可能。

由于依托天津博物馆，天津美术馆的馆藏量在开馆之初即具相当规模，馆内收藏了丰富的近现代美术作品，领先于国内同级别的美术馆。

成立至今，天津美术馆一直致力于知识型、学术型美术馆的建设，同时也注重拓展公益性的社会功能。作为一所集收藏、研究和推广审美教育，展示近现代艺术及当代艺术为一体的综合性艺术博物馆，天津美术馆还通过附设的报告厅、研讨室、图书阅览室、美术创作室、咖啡吧、艺术商店等各类公共服务设施着力营造体验式的美术馆氛围，最大限度地发挥美术馆的展示、研究、教育与文化休闲功能，使美术馆不仅成为延长艺术作品生命的地方和艺术家展示艺术作品的平台，还成为向市民普及高雅艺术、提升城市整体形象和宣扬城市文明的窗口。

第 6 章

去寺庙里探寻天津历史

天后宫——北方地区最大的妈祖庙

推荐星级：★★★★★

天津天后宫俗称"娘娘宫"，位于南开区古文化街中段。始建于元代至元年间，泰定三年（1326年）重建。

　　天后即妈祖，津地俗称"娘娘"，本姓林，名默，福建莆田人，生于北宋建隆元年（公元960年）农历三月二十三，民间传说北宋雍熙四年（公元987年）农历九月初九她羽化成仙。林默是林家小女，据史书记载，林默生而神异，自幼聪颖过人，七岁教之学，能悉解文义，15岁就能为人治病，平时乐于助人，好行善为，且练就一身好水性，常在海上搭救遇险船只。又说她曾得到得道人真传，能乘席渡海、消灾除疫、祷雨救民、助战破寇，等等，神通广大，事迹非凡，人们称其为"龙女""神姑""通贤神女"等。其事迹在民间广为传颂，逐步得到皇朝的认可，自南宋至清代多有褒封，是海内外华人敬仰的海上女神。以天后信仰为核心的天后（妈祖）文化，传承千年，作为中华民族优秀传统文化，成为世界华人文化交流、民族认同的精神桥梁和纽带。

　　"先有天后宫，后有天津卫"。天津的天后民俗信仰，源于这里繁盛的河海漕运。《元史　祭祀志》记载："惟南海女神灵惠夫人，至元（公元1264年—1294年）中以护海运有奇应，加封天妃神号，积至十字，庙曰灵慈，直沽、平江、周泾、泉、福、兴化等处皆有庙。""敕建天后宫于海津镇。"朝廷敕建官庙、悠久文化底蕴和得天独厚的地理成就了天津天后宫中国北方妈祖文化的中心地位，屹立于世界妈祖文化之林。

　　天后宫坐西朝东，占地5 360平方米，从东向西，建筑群体依次为戏楼、幡杆、山门、牌坊、前殿、大殿、藏经阁、启圣祠、钟鼓楼、配殿和张仙阁等。其中大殿是天后宫的主体建筑，平面呈倒"凸"字形，中间面阔3间，进深3间，属明代中晚期木结构建筑风格。

天后宫

戏楼

　　每逢天后诞辰日（农历三月二十三），天后宫要举行"天后出巡散福"表演，百戏云集、万人空巷。1985年这里被辟为天津市民俗博物馆。通过天津历史和民俗陈列展示，介绍天津城市的形成和发展、天津漕运史、天后的信仰习俗以及天津民俗、岁时节令文化等。

　　每两年天津市政府举办一次中国天津妈祖文化旅游节，届时中国台湾、香港和澳门地区及海内外宾朋近千人云集天后宫，海外媒体亦全面报道。天津天后宫已成为天津这座历史文化名城对外展示的重要窗口、天津城市的文化名片。

门票信息： 免费。

开放时间： 9：00—16：00，周一休息。

交通导航： 乘坐4路、24路、624路、824路公交车可达。

大悲禅院——洗尽铅华话沧桑

推荐星级：★★★★

大悲禅院始建于明末清初，历史悠久，且规模庞大，曾供奉过唐代名僧玄奘法师的灵骨，是天津著名的佛教古刹。

大悲禅院座落在天津市河北区天纬路中段东北侧，因供奉大慈大悲观世音菩萨而得名，是天津现存规模最大、历史最为悠久的佛门十方丛林寺院。

寺始建于清初，又兴于康熙八年，盛时占地近4万平方米。后因沧桑变革，几度兴废，唯余现存西院，规模较小。1942年，天津佛教界邀请近代高僧天台宗四十四世祖倓虚大师来津主修扩建全寺，历时5年于寺东侧陆续建成天王殿、大雄宝殿、大悲殿和东西配殿等建筑群，连同园林8 000余平方米。

宏伟的大悲禅院

寺自重建，殿宇崇峻，青砖绿瓦，宏伟壮观。天津解放后，政府又重为油饰佛殿廊房，增修四周山墙，建造寮房，以作僧人生活之用。又请著名甲骨文专家、天津市文史馆首任馆长王襄先生题写篆文"古刹大悲禅院"镌刻山门之上。

十年浩劫中，寺内被洗劫一空，破坏严重。"文革"过后，为落实党的宗教政策，1980年开始对寺院进行修复工作，并重塑全堂佛像。1983年经国务院批准，大悲禅院成为全国重点开放寺院，1986年正式对外开放。

大雄宝殿是大悲禅院主体建筑，殿内珍藏有从魏晋到明清各代的佛、菩萨造像几百尊。正中供奉的释迦佛祖金身像为明代铜铸，连同千佛莲花底座通高5米，重约6吨。铜像线条清晰和谐，铸工精细，堪称佛门奇宝，被列为国家二级文物。念佛堂所供奉的毗卢遮那佛造像，铜色古老，塑型精美，据考为唐代铜铸，也系佛门瑰宝、国内珍贵文物。寺内还藏有铜、木、石、玉雕佛像、泥塑佛像及龙、狮、虎、豹、鸾凤等飞禽鸟兽雕像和车、棺、碑等雕塑数百件，大多是魏、晋、南北朝、隋、唐、元、明、清以来的文物，极具赏鉴考古价值。

寺内原有镇寺之宝——唐代高僧玄奘法师顶骨舍利，系1945年由南京请来专设纪念堂供奉。1956年应印度政府请求，经周恩来总理批示，将顶骨送往印度昔日玄奘法师求法地那烂陀寺遗址供奉，成为中印两国人民友好交往的一段佳话。尽管顶骨不在了，但保留的纪念堂及内中的模拟塔却永远昭示铭记着大悲禅院与玄奘法师的千古因缘。

弘一大师纪念堂为1956年由著名居士龚望先生向当时寺主惠文法师提议而专设的，原有展件多幅，都是大师真迹，可惜在"文革"期间尽数丢失，现展示作品皆为影印件；堂内供奉弘一法师盘膝端坐铜像，高约1米，神情安逸，满面慈祥，此像系大师弟子前新加坡佛教总会主席广洽法师捐资铸造。纪念堂设立与复建以来，乡人多前来瞻仰参拜以作怀念。

　　大悲禅院曾以供奉过唐僧玄奘法师灵骨而闻名中外。周汝昌先生曾赋诗曰："大悲院里竟焚香，梵具禅音绕画梁。须识奘师遗迹在，曾分骏骨到吾乡。"

　　改革开放以来，随着宗教信仰自由政策的进一步落实，大悲禅院也掀开了它历史上的新篇，每逢朔望日或佛教节日，寺内香烟缭绕，人流如潮，每年接待香客和游人百万人次以上，相形之下大悲禅院很难适应形势发展的需要。1995年在寺中轴线东侧建成两层方丈院楼两幢、市佛教协会办公楼一幢，改善办公及住宿条件。2000年底新大雄宝殿工程竣工，殿内供奉缅甸玉佛三尊，每尊通高5米，重达30吨，为北方玉佛之最。东西配像为护法二十诸天圣像，倒座正中为千手千眼观音像，两侧塑"六圣"观音法像，突显大悲禅院为观音道场。大殿外墙刷红色涂料，台基周围环绕汉白玉栏杆，一眼望去，红墙黄瓦，玉阶丹楹，金碧辉煌，蔚为壮观。

　　现大悲禅院总占地面积4.2万平方米，待到整个扩建计划按照传统汉传寺院规模建成之后，大悲禅院将以更加宏伟璀璨的雄姿矗立在海河之滨，迎接十方信众与国内外广大游客。

门票信息：5元。

开放时间：8：30-17：00。

交通导航：乘34路、632路公交在天津美院站下车。

倓虚法师舍利塔

文庙——祭祀孔子的地方

天津文庙始建于明正统元年，为天津地方教育官学和尊孔的庙宇。文庙是天津历史上等级最高的古建筑群，也是天津地区现存最完整、规模最宏大的古建筑群。

《天津卫志》载："文庙，在东门内。明正统元年，天津左卫指挥使朱胜，照陵西按察司佥事林时，建言事例，奏准开设。本官遂将住居一所，施为学官，首建堂斋公廨，十二年大成殿成。"说明天津文庙建于1436年，创立之始就与学宫（卫学）合为一地。卫学是儒学的一种，又称文学，是津门首座官办学校。明景泰、天顺、弘治年先后修建棂星门、两庑和专事教学的明伦堂。明万历四十年（1612）在天津卫城西南角楼创办"武学"，以学习弓箭、美术等武艺为主。武生如能做文章，经考试合格也可进"文学"。清雍正三年改天津卫为天津州，雍正九年升州为府，另置天津县。因此，卫学改为州学，后又升为府学，文庙也随之升为府庙。由于府、县官员不能同地祀孔子，故于雍正十二年（1734）在府庙西侧另建县庙，又在县庙西修建县学，形成天津文庙府县并列的格局。

文庙又名孔庙，位于南开区东门内大街。明正统十二年大成殿落成，始称卫学，为天津地方举办官学和尊祀孔子的庙宇。雍正十二年（1734年）在府学西侧扩建明伦堂，总占地面积1.2万平方米，是天津市保存最完整、规模最大的古建筑群。天津文庙分府庙和县庙，县庙规模略小于府庙。文庙占地13万平方米，由牌坊、礼门、大成门、大成殿、崇圣祠、配殿等组成。其主体建筑大成殿面阔七间，进深三间，黄琉璃瓦歇山顶，檐下施斗拱，是天津市仅存的"官式"建筑，也是祭孔的主要场所。明伦堂由门厅、前殿、大殿和配殿组成。庙外东门内大街上，东、西两侧耸立"德配天地""道冠古今"牌楼各一座，造型独特，是天津地区仅存的木结构过街牌楼。1954年天津市政府公布文庙为第一批市级文物保护单位。1985年大修，建成博物馆。

孔子行教像

杏坛设教

门票信息： 30元。

开放时间： 9：00-17：00。

交通导航： 乘坐1路、5路、37路、606路、609路、619路、641路、642路、659路、675路、681路、846路、863路、878路、903路、904路、954路、观光2路、观光1路等公交车到天津文庙博物馆下。

文庙修缮过程中永久保存的老旧构件

清真大寺——古色古香的宫殿式建筑

天津市清真大寺为中国伊斯兰教古寺，是一座古色古香、雄伟壮观的建筑。集中国宫殿式建筑和伊斯兰教建筑为一体，风格独特。

　　天津清真大寺位于红桥区西北角小伙巷大寺前8号，始建于清顺治元年（1644年），嘉庆六年（1801年）重修，是天津市保存最完好的宫殿式伊斯兰教建筑群。该寺寺院广阔，建筑宏伟壮丽，由照壁、门厅、礼拜殿、阿訇讲堂组成。大殿面积1 000平方米，可同时容纳千人聚礼。殿内金碧辉煌，装饰典雅，彩绘精致，历来是天津伊斯兰教徒的活动中心。

清真大寺正门

180

清真大寺整体建筑以礼拜殿为主体，东边配有对厅，南北有讲堂和耳房互相映衬。门楼、大门以铁栅栏围圈，大门两旁有两道院墙。礼拜殿建筑面积890平方米，前厦110平方米，可容千人同时礼拜。大殿建筑采用"勾连搭"式，由4组单体建筑结成一个整体。前为卷棚式前厦，连接两组四面坡式的庑殿顶大殿。后殿顶上有5个亭式楼阁，中间为八角式样，其余4个为六角式样。南边楼阁悬一匾额，书"望月"二字，北边楼阁悬匾书"喧峙"二字。5个楼阁顶端各有一宝顶。殿堂正脊、垂脊皆镶嵌砖雕花饰，殿内梁柱悬挂18块阿拉伯文匾额，4幅阿拉伯文楹联。

寺内共悬挂清代汉字匾额31块，楹联8幅。其中康熙年间匾额1块，上书"清真无二"，楹联1幅，上书"上赐真经明先觉后今世后世通解，圣传正教顺主利人天道人道并行"；雍正年间匾额1块——"万品昭诚"；乾隆年间匾额1块——"至诚无息"。嘉庆年间匾额8块，书有"真宰一原""恪守清真"等字样，楹联两幅，其一"帝鉴匪遥矢冰竞于曰明曰旦，圣言可畏昭诚信于勿二勿三"；道光年间匾额"无始原有"；咸丰年间匾额"无能名焉"；同治年间匾额7块，其一"却妄归真"，楹联其一"妄诞无一言三十册明降天经何虑歧途迷向往，真诚不二念数千年远垂圣教须知正道懔遵从"；光绪年间匾额"普今独后"，楹联1幅"运无极开太极化人化物化化无息，含理世定妙世造天造地造造有原"。该寺在清代近300年时间中，保存这么多的墨宝，在全国是少有的，被文化界人士誉为"清代书法展览"。该寺还藏有100多部伊斯兰经书典籍。

门票信息：8元。

开放时间：8: 00—17: 00。

交通导航：乘坐公交车168路、12路、600路、631路、639路、800路、903路、906路、952路在西北角站下车向北走500米即到。

寺院一角

独乐寺——穿越千年 巍然屹立

独乐寺始建于唐代，辽代重建，距今已有1 000余年的历史，为中国现存的三大辽代寺院之一。观音阁和山门为其主体建筑，寺内文物古迹众多，有的是海内外孤品绝品。

　　独乐寺，俗称大佛寺，位于天津蓟县城内西大街。传说安禄山起兵叛唐，在此誓师，因他想做皇帝，"思独乐而不与民同乐"而得寺名。古寺建于唐贞观十年，辽统和二年（公元984年）重建，是中国仅存的三大辽代寺院之一，为国务院1961年首批公布的全国重点文物保护单位，也是津门十景之一。独乐寺现已列为申报世界历史文化遗产预备清单名录。

"哼""哈"二将

　　独乐寺占地面积16 500平方米，是由山门、观音阁、韦驮亭、独乐寺行宫、报恩院等构成的规模宏大的建筑群。山门和观音阁为独乐寺主体建筑。

　　山门是我国现存最早的庑殿顶古建筑，门上悬挂的"独乐寺"匾额相传是明代官吏严嵩所题。山门两侧有两尊高大的天王塑像守卫，俗称"哼""哈"二将，是辽代彩塑珍品。山门后面还有清代绘制的四大天王壁画。独乐寺山门正脊的鸱尾，长长的尾巴翘转向内，犹如雉鸟飞翔，十分生动，是我国现存古建筑中年代最早的鸱尾实物。

　　观音阁是我国现存最古老的木结构楼阁，面阔五间，进深四间，上下两层，中间设平座暗层，通高23米。大阁设计别具匠心。28根立柱，作里外两圈升起，用梁桁斗拱联结成一个整体，赋予建筑巨大的抗震能力。斗拱繁简各异，共计24种，152朵，使建筑既庄严凝重，又挺拔轩昂。3层楼阁，中间做成暗层，省去一层瓦檐，避免了拥簇之感，暗层处里外修回转平台，供人礼佛和凭栏远眺，既实用又美观。阁内耸立11面观音像，阁下层四壁布满壁画。

　　韦驮亭位于观音阁北面，是一座明代修建的攒尖顶八角亭。韦驮原为古印度婆罗门教天部神，在佛涅盘时，捷疾鬼盗取佛牙一双，韦驮急追取回，后来便成为佛教中的护卫天神。亭内韦驮像，身着盔甲，表情肃穆，双手合十，怀抱金刚杵。据说韦驮的不同姿势对于行脚僧而言有着不同的意义，只要看见寺内的韦驮像双手合十，表示寺庙里欢迎，路过的和尚尽可大摇大摆进去，白吃白住；要是握杵拄地，表示寺庙不欢迎挂单和尚。

　　独乐寺行宫，建于乾隆十八年（1753年），又称乾隆行宫，是清代皇帝去东陵谒陵途中小憩的地方，也是天津地区仅存的一处行宫。行宫存有正殿一层，附属建筑三间，现恢复回廊14间，垂花门一座，使行宫独立成院。乾隆之后的清代皇帝都来过独乐寺行宫，并留下了大量赞美独乐寺的诗篇。行宫内新增设的展览，辑录了12首清帝即兴之作和与行宫有关的帝后嫔妃画像17幅。

十一面观音像　　　　　　报恩院

独乐寺山门

　　乾隆御笔碑刻，共28块，诗文107篇，是乾隆皇帝临摹王羲之、颜真卿、苏轼、黄庭坚、米芾、蔡襄、赵孟、董其昌、文征明、唐寅等名人书法所书，行草楷不同、大小字不等，或粗犷苍劲，或圆润秀丽，不仅是乾隆皇帝的书法真迹，而且是历代书法大家作品的汇集，弥足珍贵。碑文又分御笔临和御笔两种，御笔临有《艇子新浮水》（临文征明）、《朝辞白帝》（临赵孟頫）、《朱阑画柱》（临苏轼）等，笔法和神韵均堪称一绝。御笔有《敖不可长》、《金刚四句》、《大学圣经》、《秋兴八首》等，或苍劲挺秀，或行云流水。很多作品反映了乾隆皇帝受佛、道、儒家思想影响所持的中和、平常的修身之道。碑刻现镶嵌于行宫回廊内。

报恩院是明清以来独乐寺重要的礼佛场所，四合院式建筑，自成格局。前殿供奉笑口长开的大肚弥勒，两侧是中国历史上著名的"四大疯僧"塑像。正殿为大雄宝殿，供奉三世佛，东西配殿分别为文殊菩萨和普贤菩萨塑像。

位于寺南300米的辽代白塔，又名独乐寺塔，古塔砖雕精细，造型别致，兼容中印佛教文化的内涵。

谈到蓟县独乐寺，就不能不说到梁思成先生。梁先生曾亲自撰写《中国营造学社汇刊》（第三卷第二期）"独乐寺专号"，在解释观音阁上咸丰皇帝手书"具足圆成"时，梁先生认为，"具足"是佛家语，"圆成"不是佛语，应为"具足圆通"。1966年，中国的政治形势已经发生变化，梁先生依旧冒着风险，抵达蓟县，提出要为观音阁"装避雷针、安门窗，为防止鸟类落在观音头像上，要为观音头像罩铁丝网"，于是，文化部当年就拨款9 000元人民币，由河北省古建队施工安装完毕，使独乐寺受到了妥善保护。

独乐寺历经千年风雨侵蚀、兵火劫难，经历了30多次地震的考验，至今巍然屹立，是中国建筑史上的奇迹。

门票信息： 37元；登观音阁另收10元。

开放时间： 7：30—16：30。

交通导航： 乘坐公交车531路到独乐寺站下车即到。

潮音寺——少有的坐西朝东庙宇

潮音寺占地面积5 214平方米，由三大殿、四配殿、南北西跨院和一座柳仙亭等主要建筑组成，是全国少有的坐西朝东的庙宇。潮音寺不仅孕育了众多古老神奇的民间传说，更蕴涵着丰富的海河历史文化和民俗特色。

　　天津潮音寺原名南海大寺，又名双山寺，始建于明永乐年间，至今已有600多年历史。潮音寺因地处海河入海口，是船只入海见到的第一座寺院，故此潮音寺又被称为是"沽口第一寺"。

　　潮音寺有着悠久的历史和丰富的文化内涵，也是修身养性、休闲观光、猎奇考证的好地方。参观整个庙宇，你能感受到海河民俗文化历史的发展变化。

　　潮音寺的山门和天王殿合一。这里供奉着弥勒菩萨和四大天王。四大天王又称四大金刚，他们手中各持的法物分别代表"风""调""雨""顺"，起到保护平安的作用。

　　进入正殿，殿内供奉文殊、普贤、观音三尊菩萨，又称"三大士"。观音

潮音寺

观音像

菩萨当地人称菩萨奶奶。传说，观音菩萨从南海随船而来，面东而坐，就此雕塑成像。当时为了日日报平安，年年有好收成，渔民们将渤海精灵之鱼，作为菩萨奶奶的坐骑。渔民们因此出海打鱼都满载而归，这个传说极为传神，也是顺理成章的事。

南配殿院中有个亭子叫柳仙亭。看到柳仙亭，难免会提到柳仙。柳仙为道教中一仙，当地人称柳四爷。五大仙他排在第四位，居于洞中。相传明永乐年间多瘟疫，柳仙出世，驱瘟神、救百姓。柳仙洞边有一树与其相伴，人们病发时取其树叶、树条和树皮熬水服用，多灵验，因此称之为柳四仙爷。此传说流传于世间，故供祭于此。潮音寺中佛、道、俗三家共处，在国内其他寺庙极为少见。

北配殿供奉着大神龙王，就是东海龙王敖广。当地渔民祖祖辈辈出海前都要祭拜龙王，拜访供品，燃放鞭炮，祈求平安，盼望着有个好收成。每逢春汛时，潮音寺汇集一方百姓，举办社火民俗活动，耍龙灯、放焰火，热闹非凡，延续至今，形成沽口独特的民俗活动。

在中国现存的各类寺庙中，有无数耀眼夺目的瑰宝。潮音寺虽然规模小，但深深蕴含着海河的历史、文化和民俗特点。

门票信息: 2元。

开放时间: 8: 00-17: 00。

交通导航: 从塘沽火车站乘110路公交车可到。或乘坐617路、629路公交车到潮音寺路口下，也可乘108路汽车到水线路渡口过河，西行500米即到。

柳仙亭

铃铛阁——天津文化朝圣之地

铃铛阁在红桥区城外西北角，为稽古寺内的藏经阁。稽古寺建于唐代，明万历年间，修建了铃铛阁。阁内原珍藏有佛教《大藏经》及名贵图书。在古代，这里是天津文化圣地和重阳登高之地。

所谓天津三宗宝：鼓楼、炮台、铃铛阁（"阁"不读 gé，而读为 gǎo）。

铃铛阁位于红桥区城外西北角，在稽古寺内，建自唐代，寺内原存有《大藏经》全卷。明万历七年（1579年）建藏经阁，重檐四出，甚为壮观。阁角装有风铃，铃声可远闻数里，乡人因此呼为铃铛阁。康熙三十八年，住持含光和尚又重修一次，清代文学大师朱彝尊曾为文以记其事，并描述其登临时的感怀："夕阳在衣，风铃铮然；翔鸟上下，为之目旷神怡"。光绪十八年，不慎于火，延烧及藏经阁，房子及所珍藏的《大藏经》都化为灰烬。1901年，严范孙、高凌文、王世兰等倡议以稽古书院旧址改办新式中学，名为天津普通中学，但由于习惯，大家叫它为"铃铛阁中学"。在其校旗校徽上，铃铛是其主要标志。

据天津市社科院历史研究所研究员罗澍伟介绍，铃铛阁，是一种俗称，原来是一座"藏经阁"。始建年代其说不一，有说始建于唐代，有说建于元代，有说建于明代。乾隆《天津县志》卷八附"坛庙"："稽古寺，在西北门外西北隅，万历七年敕建，康熙三十八年重建，有藏经阁。"这里的藏经阁，便是铃铛阁。同治《续志》："海会寺，在城西稽古寺西，元至正间天竺国僧海会结庵于此，故名。明万历年间重建。"显然，这两条记载有不同之处。但天津著名地方志学家高凌雯却用他的解释，解决了两者的矛盾：即万历时所建的稽古寺在海会寺旁，元朝时建海会寺，在明末时倾圮，并入稽古寺。《天津县新志》卷二十五附"寺观"说："海会寺在城西北，元至正间天竺国僧海会结庵于此，故名。旁为稽古寺，明万历七年建。其后，海会寺圮，以地并入稽古寺。"

　　阁里藏有16柜佛经，其中的《大藏经》包括了几乎全部的汉语佛教经典，还有《贝叶经》，这些经典版本是很珍贵的。康熙年间，由天津道署捐资重修稽古寺，请来江南名匠，仿照黄鹤楼修葺一新。同时，扩建了平房数间，以作考文之需。

　　阁内的藏书楼中，书笺大部分是当时的名流所捐赠，多为稀世之珍。海内孤本达数百种之多，尤以元、明手抄本(百余种)以及六朝写经40卷最为珍贵。传说，每年农历六月初六为"晒经节"。到了那一天，阁内的全部藏书均置于阳光下曝晒，防蛀防腐；同时借此良机任人阅览，以飨读者。当时津门的一些文人学士，纷至沓来，先睹为快，一时盛况空前。

门票信息： 免费。

开放时间： 全天开放。

交通导航： 乘坐公交628路、672路、687路、800路、852路、856路到隆春里站下车即可到达。

玉皇阁——登楼远眺的好地方

玉皇阁位于天津市旧城东北角，曾经是天津市区最大的道教庙宇。原有建筑群落十分庞大，后遭到破坏，仅存主体建筑清虚阁。其居高面河，疏朗开阔，是秋季登高远望的胜地。

玉皇阁始建于明代洪武年间（公元1368年），原为一所道观，距今已有600多年的历史，是天津现存的最古老的建筑之一。在近代，由于帝国主义的侵略，玉皇阁的建筑遭到了严重的破坏，早已不见了原来的旗杆、牌楼、山门、钟鼓楼、前殿、八挂亭、南斗楼、北斗楼、三清殿，只剩下主体建筑清虚阁。

玉皇阁亦称清虚阁，建筑在砖石垒成的台基上。台阶踏步六级，两侧设有垂带石。整个楼阁分为上、下两层。上层檐下设有木制回廊，站在廊中可凭栏远眺；殿内雕梁画栋，栩栩如生，原来安放在上层的神龛，在修缮后，改设在一层殿中。神像与人间的帝王极为相似，是人间帝王形象的再现；在玉皇大帝神像的两侧，还有两尊侍奉玉皇大帝的侍者，其中的一尊，就是"三只眼的马王"（马王也叫"灵官"），它是守护玉皇大帝的官员；阁顶为九脊歇山式，中心用黄琉璃瓦，边侧用绿琉璃瓦，在红色栋额之上，绿衣仙子簇立，龙凤走兽飞腾，比之宫廷建筑有着别样壮观。这种建筑做法在古代建筑中是极为少见的。

农历9月9日，是中国传统的重阳节，重阳登高已成为民间风俗。天津近处无山，早年登高只有两个去处，一是鼓楼，一是玉皇阁。玉皇阁居高面河，疏朗开阔，为市民浏览秋季风光，登高远望的胜地。据《康熙天津卫志》载："九月九日重阳节，以玉皇阁为登高处，城内水月庵与诸道观观礼北斗，攒香丈余，焚之历昼夜。"

从房屋结构上看，玉皇阁是典型的明代寺观建筑样式。房顶由3层横梁组成，每层横梁间都使用元宝坨。四周横梁均饰以彩绘，千秋带上镌刻着文字，依稀可见的有"大明弘治二年（公元1489年）""大清康熙四十年（公元1701年）""大清光绪十六年（公元1880年）"等字样，记载着历朝为它修缮的年代。

玉皇阁雄姿

大殿佛像

　　如今修缮一新的玉皇阁，庄重大气，虽然在现代高楼大厦的反衬下，已没了高度上的优势，但是石子弯路，亲水平台，依然能让人找到心无旁骛的超然意境。特别是每当晨曦之下，朝霞染红海河河面，微风轻拂脸庞，徜徉于此，烦恼远去，即便身形未移，却已觉神游天外，那感觉，是纷繁尘世中最最难得的一丝清静。

门票信息： 免费。

开放时间： 全天开放。

交通导航： 乘坐1路、4路、15路公交车在东北角站下车即可到达。

荐福观音寺——津门信众瞻礼朝拜之地

推荐星级：★★★

荐福观音寺是在位于大直沽的药王庙遗址上修建的，是佛教荐福庵异地重建的新道场。

荐福观音寺位于天津市河东区大直沽中路27号，占地面积8 400平方米。大直沽是天津的发祥地，历史上有30多座寺院庵堂，又称"先有大直沽，后有天津卫"。位于小孙庄的荐福庵是民国时期修建的，现在是河东区文物保护单位，常住尼僧70人，1996年开放后由一座名不见经传的小庵发展成为如今初具规模、香火兴旺的佛教活动场所。随着教务法务的实施、弘法利生事业的开

荐福观音寺全景

展、慈善公益善举的传播，荐福观音寺在国内外的信徒越来越多，但是也面临拆迁等困境。在市、区各级领导的关心、支持、帮助和协调下，当地房地产开发公司鼎力相助，圆满促成了荐福庵异地重建并更名为"荐福观音寺"。

寺内景观

寺内圆通宝殿前有一株600余年的古槐树（寺院三宝之一）。沧桑流逝，古槐犹在，它是直沽寨悠久历史的佐证。人们都赞誉其为"神树"，就像是直沽人的祖辈。树王菩萨被供奉在古槐树前，护卫着宝刹。圆通宝殿供奉四面千手观音菩萨（寺院三宝之一），通高8.6米，材质为香樟木。殿内塑画观音菩萨三十二应化身壁画，独具特色。殿内可容纳450人同时课诵。圆通宝殿前天井中耸立高10米、9层的千佛宝塔，塔上雕刻有1 028尊释迦牟尼佛像，高大巍峨，无比庄严。

荐福观音寺中轴线由宋代牌楼、山门殿、天冠弥勒殿、圆通宝殿组成。两侧建有东方三圣殿、西方三圣殿、护法殿、地藏殿、药王殿、树王菩萨殿、藏经阁、五观堂、念佛堂（可同时容纳300人）、讲经堂（即电教馆，可同时容纳400人）、佛教宾馆（即上客堂）、电脑室、僧寮、库房和大型会议室。圆通宝殿地室中修建了国内独一无二的"报恩堂"，供奉三世如来和地藏王菩萨，并可以同时提供往生牌位10 000尊。牌位分别供在莲花一区、莲花二区、莲花三区、莲邦一区、莲邦二区、莲邦三区和莲池海会区内。供奉的牌位为单独编号、单独供立、单独牌位的形式，为永久性，寺在牌位在。每逢初一、十五，本寺僧众为亡灵超度回向，离苦得乐、早生净土。

寺院钟楼、鼓楼对外开放，内悬5吨重铜钟（寺院三宝之一）和直径两米的雷音鼓，钟鼓楼上方还建有宋代风格的四座凉亭，是静坐禅修的好去处。

荐福观音寺以古朴、典雅、别致、凝聚、雄伟、壮观为基调，既体现历史面貌，又显示现代风格，与近在咫尺的元明清天妃宫交相辉映。

门票信息： 4元。

开放时间： 8：30—17：00。

交通导航： 乘坐92路、642路、643路、668路、673路、676路、678路、806路等公交车可以到达。

天尊阁——供奉元始天尊的道观

天尊阁位于天津宁河县丰台镇南村，是一座巍峨挺拔、气势恢宏、绿树红墙掩映的高大木结构建筑，也是一座供奉元始天尊的道观。

天尊阁又名太乙观，是天津历史上道教三大阁之一，建于清康熙年间，咸丰八年（公元1858年）重修，位于天津宁河县丰台镇南村。这里曾为供奉元始天尊、西天王母和紫微大帝等神祇的道教场所。

天尊阁占地6 000平方米，是一座具有清代传统官式建筑特征的古典式建筑。原由山门、配殿和大阁组成，后多数建筑在地震中被毁，现仅存大阁。大阁建造在高大的台基之上，通高14.7米，是3层木结构建筑，最下层是天尊阁，中层为王母殿，上层名紫微殿。楼阁结构严密合理，装饰美观大方，在唐山大地震中居然安然无恙。这一经历，使其为研究京津唐地区房屋的抗震方面提供了实物资料。

阁内以8根12米长的大柱通连3层楼板，大柱之外又辅以檐柱、山柱、廊柱，并用3种斗拱和不同规格的榫卯，把木构件连成一体，结构异常牢固。下层天尊阁，面阔5间，进深4间，前出廊；中层为王母殿，面阔5间，进深4间；上层名紫微殿，面阔5间，进深2间，前出廊。阁顶为青瓦九脊歇山式，如此形成合理的结构设计体系。此阁的结构造型也十分考究，各层出檐之下和木柱额枋之上，均有各式斗拱为饰。正脊砖雕二龙戏珠纹样，刻工精细。两端的大吻和脊上的走兽也都玲珑剔透、栩栩如生。此外，每层檐角下还悬挂铁铎一只，每当微风吹拂，方圆数里均声震悦耳。

门票信息： 免费。

开放时间： 全天开放 。

交通导航： 天津东站上午和下午均有发往芦台的班车，票价15元，再从芦台坐车到丰台就可以了。

玉佛禅寺——供奉玉佛数量最多的寺庙

玉佛禅寺以供奉1.2万尊缅甸玉佛而闻名，它的前身是千年古刹法藏寺，始建于隋代（公元557年—581年），毁于清末民初。寺内亭榭、楼台、泉室错落有致，高低相映，其间布满奇花异草，怪石嶙峋。

　　玉佛禅寺坐落于西青区辛口镇水高庄村，占地26万平方米，2003年8月，经天津市宗教局批准重建，更名为玉佛禅寺。该寺历史文化内涵深厚，寺内供奉有缅甸玉佛近12 000尊，其玉佛数量高居世界之首，巨大卧佛世所罕见。

　　千年古刹建筑气势恢弘，环境温馨幽静，院内翠柏苍松，枝叶茂密，晨钟暮鼓，佛光普照。寺院主体中轴对称、回廊连接、翘角飞檐、朱漆彩绘。沿中轴线依次建有山门、天王殿、大雄宝殿、卧佛殿等；两侧为钟鼓楼和文殊、普贤、观音、地藏四大菩萨殿等。

巨大卧佛

观音菩萨

　　山门正中石质匾额为描金"天津玉佛禅寺"，入山门东西两侧为哼哈二将。东侧力士手持长剑，竖眉、瞪眼、闭嘴，似从鼻孔喷出"哼"字；西侧力士横眉、瞪眼、张嘴，似从嘴里喷出"哈"字。

　　天王殿正中端坐弥勒佛，弥勒佛身后是韦陀菩萨，殿内四周矗立的便是四大天王。出天王殿便是宏大广场，两侧古松青青，迎面两株银杏，一雌一雄分列大雄宝殿两侧，树冠参天。沿石阶而上，每块方砖之上皆有莲花之形，取释迦牟尼悟道后，一步一莲花的典故。"世间花叶不相伦，花入金盆叶作尘。惟有绿荷红菡萏，卷舒开合任天真"。有了莲，佛与我们就真的很近了。

　　大雄宝殿是寺院的主殿，又名七宝如来八十八佛殿，正中供奉释迦牟尼坐像，其身后是阿弥陀佛立身像，殿内四周为十八罗汉像。因寺院选址于天津西，与佛教中西方极乐世界相对应，因此，这里的阿弥陀佛安放于高处，象征佛教中西方极乐世界之主。

　　四大菩萨殿左右拾阶而上，东西南北四方为四大菩萨宝殿，分别供奉文殊菩萨、观音菩萨、普贤菩萨及地藏菩萨。玉佛禅寺内将四大菩萨殿齐聚于一寺之中，也属国内首例。

　　大雄宝殿后建有卧佛殿，殿内供奉的释迦牟尼卧佛举世无双，卧佛长7米，高3米，重达25吨，为一块天然玉石雕刻而成。雕刻手法简练，气势磅礴，是仅逊于泰国曼谷大皇宫玉佛寺泰国国宝、宗教圣品佛祖像的玉佛，叹为世界奇观。

　　万尊玉佛灵光普照之下，古刹重现了往昔人流如潮，香烟蔽日的繁华，更填补了一段古镇文化基因上残缺的链条，一派人间净土的景象。

玉佛禅寺大雄宝殿

门票信息： 免费。

开放时间： 9：00—17：00。

交通导航： 乘坐669路、824路、672路、便民6路、便民8路、153路等公交至杨柳青站换乘164路至玉佛禅寺下车。

宝坻石幢——精美的佛教雕刻艺术

宝坻石幢位于宝坻区十字街中心，为辽代建筑，高11.4米。石幢可分为幢座、幢身和幢顶3部分，以雕刻精美著称，是天津石幢规模最大的一座。

　　石幢就是用石头建造，上刻陀罗尼经文的柱形建筑，大多建于佛教寺庙。幢身一般为八柱形。按佛教之说，在幢上书写经文可以使靠近幢身或接触幢上尘埃的人能减轻罪孽，从而得到超脱。

　　宝坻石幢造型奇特，雕工精良，为佛教石雕艺术上品。辽圣宗年间(公元983–1031年)始建，金皇统、清康熙、光绪年间多次重建。幢座部为方形，四面雕刻佛传故事，方台上置须弥座，束腰刻壶门，再上作仰莲。幢身由八面体石柱和宝盖构成，现为六级。第一、二级雕千佛像，第三级为光绪年(1875年)重刻康熙二十一年(公元1862年)《重修石幢记》，第四级镌《佛顶尊胜陀罗尼经》，第五、六级复雕佛像。宝盖四匝雕兽头和仿丝缕垂幔纹饰，最上一层雕瓦檐图案，再上是莲台，中立铸铁幡竿，顶置如意宝珠。第一、二级幢身周围外加八根石柱，其中第一级雕蟠龙，五条张嘴，三条合嘴，相传为工匠"张五""何三"雕制。

　　石幢金顶为古代宝坻八景之一，也是天津石幢规模最大的一座。"文革"中，石幢被推倒，1998年葺补复原。宝坻石幢为市级文物保护单位。

门票信息： 免费。

开放时间： 全天开放。

交通导航： 乘坐16路公交车在宝坻区十字街中心站下车即到。

宝坻石幢

文昌阁——楼阁朦胧烟雨中

文昌阁坐落在杨柳青运河南岸，始建于明万历四年（1576），因阁内供奉文昌帝君而得名。阁上下三层，为六角形。

文昌阁的现存建筑为清咸丰八年(1858年)修建。有杨柳青"三宝"之美称。

文昌阁高15米，上下三层，呈六角形。六脊瓦顶，六龙头各衔一脊，正中为一球形宝珠。它风格别致，设计精巧，飞檐高翘，螭卧架头，檐角各坠铜铃，风吹作响。尤其是细雨霏霏之时，更像空中楼阁，清代人称"崇阁朦雨"，为运河上一景。

阁内供奉文昌帝君。阁楼三层各有自身的内涵。上层是祭祀魁星的。传说魁星主宰文笔兴衰。中层为祭祀文昌帝君的。文昌，据说是北斗七星中魁星之上6个星的总称，主宰功名利禄，元代加封他为文昌帝君。下层祭祀孔子。

阁的顶层，设有一口井，井口处探出一只鳌头，鳌头上塑着一个青面涂牙，虎目圆睁，单腿站立，手握朱笔的魁星，传说是主宰文化兴衰的神。旧时，每逢农历二月初三文昌帝生日那天，文人墨客和社会名流都聚集这里祝寿，点香燃烛，钟鼓喧天，十分热闹。

游客来此参观文昌阁建筑，瞻仰和拜祭文昌帝君，感受独特的"文昌"文化。

门票信息：5元。

开放时间：9：00—16：30。

交通导航：乘153路、175路、669路、672路、824路、便民2号、便民6号、便民8号、津西1号、津西2号等公交在杨柳青站下车即到。

鲁班庙——古代奉祀巧匠祖师鲁班之地

蓟县鲁班庙，又名公输子庙，建于1877年，为古代蓟州人奉祀土木工匠祖师鲁班所修建的庙宇。

　　在中国久远的历史中，鲁班已是众多能工巧匠的代表，劳动人民聪明才智的化身。鲁班庙占地840平方米，建筑面积341平方米，清代宫式建筑，由山门、大殿和东、西配殿组成。山门面阔三间，进深二间。明间正中设板门和抱鼓石，次间外檐封护，开六角形花窗，大式硬山顶。大殿面阔三间，进深一大间，前出廊。明间置斜格菱花格门，次间作槛墙、格扇窗。檐下斗拱一斗三升交麻叶，角科宝瓶下出单昂。内、外檐旋子彩画，枋心什锦云纹，画工精细。九脊歇山顶，绿琉璃瓦剪边做法。东、西配殿面阔三间，进深一大间，民间小式做

鲁班像

法。整座建筑布局严谨，精工细作。在当地群众中有个传说，说清初在遵化修建康熙、乾隆陵时，工匠们节省了一些木料、砖瓦，在蓟县修了一座鲁班庙，以求祖师庇护。

鲁班庙正门

此说法在庙内尚存的清光绪三年(公元1877年)《重修公输子庙碑记》得到旁证。据碑刻所记，鲁班庙在光绪三年（公元1877年）进行了重修。当时正建惠陵（即同治皇帝陵寝），工程浩大，时间紧迫。相传步延正承揽木工，眼见一年过去了，进展缓慢，如不按时完工，会有杀头之祸。他心里焦急，端阳节来到鲁班庙，焚香祷告，祈求祖师爷指点。夜里，步延正梦见一老者坐跟前，说："善其事，利其器，先搭窝，后上座。"醒来回顾梦中情景，恍然大悟：祖师爷显圣了！他依梦所示，先搭陵架，造好，再运往陵地，终于没误工期。或许日有所思，夜有所梦吧，而虔诚的步延正为感恩师祖，重修庙堂，所用铁糙木，为修陵所剩余，鲁班也沾帝王光了。修建中，不管木作抑或瓦作，一丝不苟，可谓工料精实。

鲁班不是帝王天子、王公贵族，也不是仙宗佛祖，只是一位技术高超的工匠，世称"天下之巧匠"。鲁班生于春秋末年，名公输般，因是鲁国人，又叫鲁般（班）。他善于总结创新，发明制造了铲、刨、钻、锯、曲尺、墨斗等许多工具。他曾为母亲精心制作了一辆高级木制马车，还制作了一个有机关设备的木头机器人，待母亲坐上，机器人便驱赶着马车走了。传说或许有些离奇，可鲁班的聪明才智已名扬天下。相传鲁班修完赵州桥（实为隋代李春修），张果老与柴荣欲试试是否坚固，一倒骑毛驴，驴背褡裢里放着"日""月"；一推独轮车，车上装着"五岳名山"。二人一上桥，顿时压得桥直颤悠。鲁班赶紧跳到桥下，双手擎住。二人过了石桥，留下了驴蹄印和车痕。流行至今的《小放牛》中唱道："张果老骑驴桥上走，柴王爷推车轧了一道沟。"唱的就是此事。

2 400多年来，人们为了表达对鲁班的热爱和敬仰，把古代劳动人民的集体创造和发明也都集中到他的身上。因此，有关他的发明创造故事，实际上也是我国古代劳动人民发明创造故事的缩影。

鲁班的名字实际上已经成为古代劳动人民勤劳智慧的象征。

门票信息： 免费。

开放时间： 全天开放。

交通导航： 天津河北区长途客运站有发往蓟县的班车，2个小时可以到达蓟县，再打车到景区即可。

挂甲寺——挂甲凯旋，定国安邦

挂甲寺位于天津市河西区中环线邻近海河的地方，原名叫庆国寺。

挂甲寺古时被称为"庆国寺"，位于挂甲寺胡同18号。相传建于隋末唐初，距今已有1 300多年的历史。

传说公元698年，唐太宗御驾征辽，凯旋而归，大将军尉迟恭率军在此地修整。尉迟恭和许多官兵将身上的甲胄脱下来放在寺院周围晾晒，一连数日。此后，周围的住户便将寺名改为挂甲寺。

万历二十八年，游击将军张良相来到挂甲寺，听闻了唐代旧事，感叹道日后得胜也将效法前人在挂甲寺挂甲庆祝。而当时挂甲寺已经破败荒废，于是张良相率部下捐资，重修挂甲寺。由于地方百姓的大力相助，仅用了短短2个月的时间，新的挂甲寺就建成了。不久，张良相真的荡平倭寇，在挂甲寺庆祝胜利。

挂甲寺

慈航普度殿内佛像

此后，挂甲寺对于定国安邦似乎有了特别的意义，尤其受到武将的青睐，凡是出征上前线的，很多人都要来挂甲寺朝拜，一时间成了一种时尚。

此外，每年的农历二月十九，观音诞辰之日，还会开寺朝佛，善男信女，香客游人，都聚集到挂甲寺，进香膜拜。当年，一位姓刘的文人还特意撰写了《重建挂甲寺碑记》，来记载当时挂甲寺的繁荣景象，其碑文还可以从现存的天津志中查找到。

乾隆年间，挂甲寺内出现过一名僧人，叫子憨上人。他喜爱诗画，广交文人墨客，引来大批诗人为寺院题咏，创作了不少诗篇，使得挂甲寺在历史底蕴上，又多了一层清雅的文化气息。

挂甲寺初期仅仅占地两亩半，由山门、观音殿、大雄宝殿组成。随着岁月的流逝，寺院历尽沧桑，屡经变迁，几度盛衰。

明代时期，挂甲寺地处大孙庄，这里当时是四官庄之首，代管48村，四官庄为皇宫中娘娘的脂粉地，所纳的钱粮专供娘娘后妃们享用。

崇祯年间，全国遭遇大旱，唯有海河两岸获得丰收，因而受到娘娘后妃的赞赏，特赐给大孙庄半副銮驾。当地的村民们将这半副珍贵的銮驾，珍藏在挂甲寺中。如今，明代及以前的銮驾连故宫博物院都已无存，这座銮驾或许是现今存世年代最久远的皇家出行仪仗。

由于临近河沿，常年受到河水的冲刷，因此在光绪十三年（公元1887年），挂甲寺南迁重建。这次重建规模很小，只建有一座菩萨殿。3年之后，直隶四品候补守备周上达，又集资建造了一座大殿，也就是后殿。

清代初期，大孙庄改名为挂甲寺村。

1900年八国联军入侵天津，路过挂甲寺村的时候，遭到以挂甲寺村村长为首的保卫团和义和团的顽强抗击。

八国联军占领天津后，成立了都统衙门，1901年曾对挂甲寺村所在的海河大湾裁弯取直，将挂甲寺村分隔成东西两岸，而挂甲寺也由东岸划为西岸。

1932年，当地村民募集资金，改建菩萨殿，使其与后殿在同一中轴线上，成为前后两座殿堂。

1944年，增建山门，又陆续补建寮房、围墙等。1958年，寺院被毁。

如今的挂甲寺是1994年开始动工兴建的，共耗时3年多的时间，在1997年7月完成，并举行了盛大的佛像开光仪式。

莲宗寺——际然法师的传奇一生

莲宗寺位于天津市和平区保安大街，是1949年后天津仅存的一座尼僧寺院。

莲宗寺的创建者是际然法师。

际然法师为满族正白旗人，俗姓爱新觉罗，她曾经在英美烟草公司当童工。18岁时，因参加"五卅"罢工运动，而被厂方开除，此后过着贫困的生活。

1935年，际然法师在北京拈花寺削发出家，后来在前往五台山朝拜的途中遇到天津的尼众，她看到天津的东北尼众没有落脚之地，想要为她们提供一个可以暂时歇息的场所。

可是当时际然法师一贫如洗，很难完成自己这个愿望。于是，她四处化缘募集资金。

1936年，际然法师终于筹集了第一笔资金，买下了700多平方米地。这里原本是一个煤厂，周围环境污浊不堪，附近多为妓院、大烟馆等秽处。但是际然法师说："佛教的象征不就是出污泥而不染的莲花吗？"于是以莲宗是净土宗念佛法门之意，又取之莲花出污泥而不染，故称莲宗寺。

1938年，际然法师在昌文和光道法师的帮助下为莲宗寺建造大殿。后来又修建了山门和东西两厢及后楼念佛堂。这些工程中，际然法师都亲自设计、购料、监工，花费了13年的时间才最终完成。

"文革"期间，尼僧被迫还俗，际然法师虽然蓄发，但仍留在莲宗寺内静修。

1980年，国家落实宗教政策，政府拨款22万元重新修建莲宗寺。际然法师也在1988年莲宗寺开光之际，由香港大光法师重新落发。

莲宗寺外观

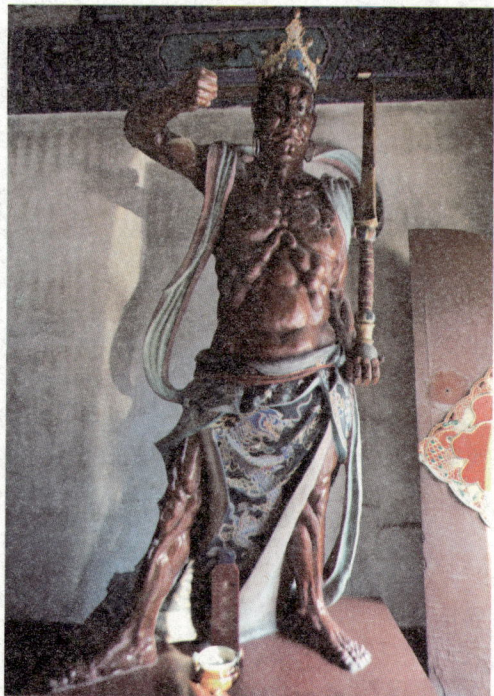

金刚密迹

　　际然法师一直坚持"来僧不赶，去僧不留，自己不亲度徒众"的原则，她用自己的一生诠释了一个道理：如果一个人的慈悲之心足够深厚，就将产生源源不断的动力，普通人同样可以实现伟大的梦想。

　　始建于民国时期的莲宗寺，是解放时天津唯一的、具有苏州园林风格的尼众十方丛林，与河北区的大悲禅院南北相望。

　　莲宗寺现为两进院，占地面积1166.1平方米。整体建筑全部采用框架结构。外立面形式为传统中式仿古建筑，外部墙体采用灰砖为主基调，运用屋顶的高低错落、体量尺寸的均衡及传统建筑符号的点缀，合理组织周围建筑，形成主题突出、进退有序、虚实交换、前后呼应、和谐统一的空间环境。

其中大雄宝殿宏伟壮观，宝殿匾额为北洋军政大员江朝宗书写。殿外楹联："九品莲台狮吼象鸣登法座，三尊金像龙吟虎啸出天台"，为隶津著名书法家龚望所书。大殿内主供三尊佛像，正中为释迦牟尼佛，左右为药师佛和阿弥陀佛。两侧还供奉有观音、地藏菩萨。五尊佛菩萨像皆为明代铜质包金，十分珍贵。东西两壁有十六罗汉行乐作法玻璃浮雕，栩栩如生。

而寺中的三门殿是际然法师圆寂后1996年重建的，三大开间，东西各延半间，建筑讲究，庄严古朴。内设弥勒、韦驮、伽蓝菩萨和擎天持杆的两尊金刚，法相威严雄状。

莲宗寺内供有三尊翡翠玉佛，包括两尊观音造像和一尊弥勒佛造像。这三尊珍贵的翡翠玉佛都是爱新觉罗·溥铮先生捐赠的，造像均采用整块上等翡翠精心雕琢而成。翡翠质地温润，天然的翡色与翠色都极为漂亮，显得沉静而高贵。

其中弥勒佛的玉像，翡翠颜色纯正，清滑晶莹，雕工细腻，制作精美，堪称绝美之作。翡翠弥勒佛主体呈浅绿色，高50厘米，宽50厘米，厚25厘米，周身和基座上分布有极其美丽的红翡色。

弥勒佛的造型为右手执杖，长耳垂肩，弯眉笑眼，大肚挺凸，正可谓"笑天下可笑之人，容天下难容之事"。

如今的莲宗寺信众很多，香火不断，是重点文物保护单位。

广济寺——千年古寺

广济寺俗称西大寺，位于宝坻城内西街。广济寺坐北朝南，占地面积3 000多平方米。

　　天津宝坻广济寺始建于辽代，距今已有1 000年的历史。圣宗统和二十三年（公元1005年），弘演法师开山立业，开创了广济寺。在弘演法师圆寂之前，寺内先后增添了甘井、华亭、法堂、香厨、浴堂等建筑。随后的道广法师、一弘法师秉承了弘演法师的遗愿，修建了大殿和山门，该工程于辽圣宗太平五年竣工。

广济寺

　　宝坻广济寺中有天王门、钟楼、鼓楼、东西配房和三大士殿等建筑。其中三大士殿为主体建筑。

　　三大士殿的平面间架为五间八架，东西长24.5米，南北宽18米。大殿立在高于地面0.20米的台基上。台基前后出约2.47米，台基之前为月台，长16.50米，宽7.67米。月台正中有一铁香炉座，已无香炉。殿正中檐有两块匾，上一块是"三大士殿"，下一块是"阿弥陀佛"。

　　三大士殿的屋顶盖构造法，是在椽子上放砖，以代望板。望板之上是苫背，苫背之上是垫瓦的草泥，再上是板瓦，板瓦之上覆筒瓦。瓦上的正脊、垂脊、邸尾、垂兽、走兽，形制特殊。正脊的两端有庞大的邸尾，尾之上斜插宝剑一把，邸尾的下端是龙头，张着大嘴衔住正脊。垂脊由素砖砌起。垂脊兽做法似邸尾，张着大嘴咬住垂脊。垂脊以下，有走兽九件，形制与后世不同。

　　殿内供有三大士像，即观音菩萨、文殊菩萨和普贤菩萨，高约4.2米。三大士像前有八尊协侍菩萨及一尊朝服坐像，协侍像高约3米。坛下左右各有协侍菩萨三尊，卫法神二尊。墙后有五大师像。大殿东西两侧列十八罗汉。内围前四柱之下，多有碑碣围立。北面有一块长2米，宽0.96米的大理石，名为"拜石"。

师祖殿

玉佛宫——富可敌国的私人藏品

玉佛宫博物馆中的藏品可以和故宫博物院媲美，藏品的主人富可敌国，可谓是世界上真正的富豪。

　　玉佛宫是一家私人博物馆，位于宝坻新区——京津新城之中，从2007年10月开工建设，历时3年。博物馆坐北面南、水环路抱，方广宏阔、气势磅礴，总占地面积近30万平方米，建筑面积达48 000平方米。

　　玉佛宫博物馆中的建筑物包括玉石博物馆主楼、配殿、3个门楼及古玉研究院，所有建筑都为仿明清古建筑。其中玉佛宫主殿——玉石博物馆为八角亭式造型，高3层，展示面积达2万多平方米。基石是三重退进式汉白玉大须弥殿基，雄厚博大，殿身八向、四面、五楹，以应八方四维。殿宇顶部八角攒尖，聚于正中鎏金宝顶。自上而下寓意为上契圆满天心，汇通八方人文，以承博物之德。宝殿犹若佛国净域之金莲欲绽，端庄圣洁、气势恢宏。

　　玉佛宫博物馆中藏品共有2万多件。据说国宝级珍宝金缕玉衣全国一共有11件，而这里就有7件。明定陵出土的朱棣皇帝的金冠已是国宝，而这里有全套的金冠、金衣、金靴。这里收藏有多颗硕大的夜明珠，黑暗中闪闪发光。这里还收藏了中国历代封建王朝的玉玺，没有一个朝代间断。

　　馆内藏品还包括初唐至盛唐时期的和田墨玉彩绘鎏金壁画、汉代玉雕佛像，南北朝、隋唐时期的玉雕彩绘鎏金佛像、绿松石佛像、红白珊瑚佛像，唐代贞观、咸通年间的金银器佛像等。它们都是价值连城的绝世精品。

　　玉佛宫目前公开的展品有300多件，其中一尊释迦牟尼苦修时的造像，不仅造型准确生动，连根根肋骨和筋脉都一清二楚。三四十厘米高的水晶佛，像不知是何处寻找到了这样硕大的天然晶体。近10米长的金册薄如蝉翼，字字清晰。皇帝和皇后全套的金冠、金衣和金靴显示了当年帝王的奢华。

关于博物馆内藏品的来历，民间的一种说法是藏品属于清初名将吴三桂。吴三桂在明末是镇守边关的辽东总兵，清初是威震云贵的藩王，权倾朝野，富可敌国，他有能力也有机会收集到这些顶级的珍宝。历史的原因使他将这些珍宝藏匿起来，而山洞是最佳的收藏位置。后来康熙皇帝削藩，使吴氏家族遭遇灭顶之灾。

玉佛宫前门

第 7 章

街头巷尾 吃不够

狗不理——不吃会遗憾

闻名遐迩、享誉世界的"狗不理"始创于公元1858年清咸丰年间，原名"德聚号"，距今已有百余年的历史。店主叫高贵友，其乳名叫"狗不理"。狗不理包子是中国灿烂饮食文化中的瑰宝，被公推为"天津三绝"之首。

　　"狗不理"创始于1858年。河北武清县杨村（现天津市武清区）有个年轻人名叫高贵友，因其父40得子，为子平安，故取乳名"狗子"，期望他能像小狗一样好养活。14岁时，高贵友来天津学艺，在天津南运河边上的刘家蒸吃铺做小伙计。高贵友心灵手巧又勤学好问，加上师傅们的精心指点，高贵友做包子的手艺不断长进，练就一手做包子的好活，很快就有了名气。

　　满师后，高贵友学会了做包子的各种手艺，于是就独立出来，自己开办了一家专营包子的小吃铺——"德聚号"。他用肥瘦鲜猪肉按3：7的比例加适量的水，佐以排骨汤或肚汤，加上小磨香油、特制酱油、姜末、葱末和调味剂等，精心调拌成包子馅料。包子皮用半发面，在搓条、放剂之后，擀成直径为8.5厘米左右、薄厚均匀的圆形皮。包入馅料，用手指精心捏折，同时用力将褶捻开，每个包子有固定的18个褶，褶花疏密一致，如白菊花形，最后上炉用蒸气蒸制而成。

　　由于高贵友手艺好，做事又十分认真，从不掺假，制作的包子口感柔软，鲜香不腻，形似菊花，色、香、味、形都独具特色，引得十里百里的人都来吃包子，生意十分兴隆，名声很快就响了起来。由于来吃他包子的人越来越多，高贵友忙得顾不上跟顾客说话，这样一来，吃包子的人都戏称他"狗子卖包子，不理人"。加上天津人的说话习惯，人们都叫他"狗不理"，把他所经营的包子称作"狗不理包子"，而原店铺字号"德聚号"却渐渐被人们淡忘了。

　　传说，袁世凯在天津编练新军时，曾把"狗不理"包子作为贡品进京献给慈禧太后。慈禧太后尝后大悦，曰："山中走兽云中雁，陆地牛羊海底鲜，不及狗不理香矣，食之长寿也。"狗不理包子有了皇家的认可，从此名声大振，在全国各地开设了分号。

　　狗不理包子以其味道鲜美而誉满全国，名扬中外。狗不理包子备受欢迎，关键在于用料精细，制作讲究，在选料、配方、搅拌以至揉面、擀面方面都有一定的绝招儿，做工上更是有明确的规格标准，特别是包子褶花匀称，每个包子都是18个褶。刚出屉的包子，大小整齐，色白面柔，看上去如薄雾之中的含苞秋菊，爽眼舒心。咬一口，油水汪汪，香而不腻，一直深得大众百姓和各国友人的青睐。

狗不理（山东路总店）

人均消费： 96元。

推荐去处： 狗不理（山东路总店）。

桂发祥十八街麻花——带上几盒送亲友

推荐星级：★★★★

被誉为津门三绝之一的"桂发祥十八街麻花"以其香甜酥脆、久放不绵的特色形成与众不同的独特风味而享誉海内外。

　　清朝末年，在天津卫海河西侧，繁华喧闹的小白楼南端，有一条名为"十八街"的巷子，有一个叫刘老八的人在这个巷子里开了一家小小的麻花铺，字号唤作"桂发祥"。这个人很聪明又能干，炸麻花可以说有一手绝活。他炸的麻花真材实料，选用精白面粉，上等清油。每天做的麻花香味能传遍整条巷街，人们闻到香味纷纷蜂拥到他的铺子购买，因此他的铺子总是顾客盈门。后来，他的生意越做越大，开了店面。开始还算是宾客满盈，但是随着时间的推移，大家越来越觉得麻花有点乏而生腻，渐渐的生意就不如以往了。老人家不甘心。后来店里有个少掌柜的，一次出去游玩，回到家是又累又饿，就要点心吃，可巧点心没有了，只剩下一些点心渣。又没有别的什么吃的，那少掌柜的灵机一动，让人把点心渣与麻花面和在一起做成麻花下锅炸。结果炸出的麻花和以前的不一样，酥脆不硬和香气扑鼻，味道可

桂发祥

桂发祥十八街麻花

口。按照这个方法，刘老八是尽心研究，在麻花的白条和麻条之间夹进了什锦酥馅。至于配料，更是苦思冥想，颇费了一番脑筋，桂花、闽姜、核桃仁、花生、芝麻……还有青红丝和冰糖。为了使自己的麻花与众不同，增强口感味道，把放置时间延长，取材也是愈来愈精细，如用杭州西湖桂花加工而成的精品咸桂花、岭甫种植的甘蔗制成的冰糖、精制小麦粉，等等，制作成麻花后不仅能存放良久，而且香气四溢，味道香脆可口，满口生津。如今的"桂发祥"的招牌是由书法名家赵半知所题写。

就这样，经过反反复复的精心研究，刘老八终于创造了金黄油亮、香甜味美、久放不绵的什锦夹馅大麻花，从此"桂发祥"麻花著称于市，广受欢迎，成为天津卫赫赫有名的食品"三绝"之首。而桂发祥的十八街麻花也就因此创立了百年字号，成为天津百姓的最爱食品。

百年老店桂发祥一直秉行传统制作工艺，利用现代高科技技术，制作津城第一品牌的麻花。桂发祥麻花用料考究，工艺求精，素以香、甜、酥、脆闻名，其入口油而不腻，甜中有香，成为居家、旅游、馈赠佳品，深受消费者喜爱。今又增添了精美辅料，使色、香、味更突出，同样深受海外消费者喜爱。桂发祥十八街麻花是美味食品，作为天津代表性特产和中华民族经典食品已经真正走向了世界，吸引着世界的目光。

人均消费：44元。

推荐去处：桂发祥十八街麻花（大沽南路老店）。

耳朵眼炸糕——吉祥如意甜蜜蜜

推荐星级：★★★★

耳朵眼炸糕是天津久负盛名的民间传统小吃，始于清光绪年间，距今已有近百年的历史，创始人是"炸糕刘"刘万春，旧时因店铺紧靠耳朵眼胡同而得名。它与狗不理包子、桂发祥麻花并称津门三绝食品。

炸糕是天津传统特色小吃，经营者众多。津门有一户驰名中外的耳朵眼炸糕店，这家店几十年如一日，坚持选料精细，讲究工艺，始终把质量放在第一位，使得自己经营的炸糕不断发扬光大，与狗不理包子、桂发祥麻花并称津门三绝食品。

耳朵眼炸糕始于清光绪庚子年间(公元1900年)，当时的北门外大街是去往京师的通得街大道，东西两侧的估衣街、针市街、竹竿巷等，有着全市最大的干鲜果、皮货、染料和药材市场。商号鳞次栉比，顾客车水马龙，吸引了众多经营各种食品的小商贩来此摆摊设点，招揽生意。耳朵眼炸糕店的第一代掌柜刘万春(公元1874年—1962年)就是由原来推着独轮车在鼓楼、北大关一带走街

耳朵眼炸糕

串巷流动售货，改为在估衣街西口的北门外大街上摆摊设点现做现卖的。后来，刘万春与他的外甥张魁元合伙，在北门外大街租下一间八尺见方的门脸，挂起"刘记"炸糕的招牌，办起了炸糕店。

起初，每天卖二三十斤，由于刘万春的炸糕选料精、做工细、物美价廉，因而在北门外大街卖的炸糕中，出类拔萃、独树一帜，使刘万春赢得了"炸糕刘"的绰号，买卖日渐兴隆。以后刘万春的儿子刘玉才、刘玉山、刘玉书等陆续进店，每天炸糕销售量达100多千克，逢年过节，人们争先购买，互相馈送。每逢生孩子，过生日，办喜事，做寿，人们更是提前预约，大量购买，使得炸糕生意蒸蒸日上，刘记炸糕店开始显露名声。因为炸糕店紧靠一条只有一米多宽的狭窄胡同——耳朵眼胡同，人们便风趣地以耳朵眼来称呼刘记炸糕。日伪时期，耳朵眼炸糕店被迫加入商会，起名"增盛成"，但并不为群众所接受。久而久之，增盛成的官号逐渐被人们遗忘，而耳朵眼的绰号却不胫而走，广为流传。

耳朵眼炸糕选料精，制作细。选料主要用优质糯米、黄米、红小豆、赤砂糖、香油等。馅经漂、煮、焖、搅、炒糖、炒馅等工序，皮面经水泡、石磨、发酵、兑碱成型，在滚油内炸成金黄色球冠状成品。其特点是口感外焦里嫩、酥皮脆而不硬、馅鲜嫩而不干、细甜爽口、香味芬芳。

耳朵眼炸糕不仅好吃，还有天津的民俗心理象征意义。每年过节人们借"糕"字的谐音，取步步登高之意，因此争相购买，日销数百斤。1988年耳朵眼炸糕获中国首届食品博览会银牌，1989年获商业部金鼎奖，1997年被中国烹饪协会命名为中华名小吃。

人均消费：5元。

推荐去处：耳朵眼炸糕（南市食品街店）。

锅巴菜——不是一道菜

锅巴菜是天津具有独特风味的小吃，以大福来字号制作的最有名气。天津锅巴菜柔软滑润，清素芳香，既可当菜，又可作早点或正餐，同芝麻烧饼一起食用味美适口。

　　锅巴菜也叫"嘎巴菜"，是一道在天津非常受欢迎的早餐小吃。锅巴菜酥爽清香，滑润适口，再配以芝麻烧饼，风味异常。天津的锅巴菜，在口语中称为"嘎巴菜"，实际也是锅巴羹，炒肝加蒜水。锅巴菜一定要加香菜、辣子，而且是辣糊才有味儿。这是一种用纯素的卤子（用清油煸茴香、葱姜末，加盐、酱油、芡粉、水制成卤汁），加入煎饼（豆浆摊成的薄片，切成长条状），经卤汁浸过，盛入碗中，再添加麻酱、腐乳汁、香菜（喜辣者加辣糊）即可食。

锅巴菜

天津锅巴菜，系传自山东的煎饼，经演变，一成为煎饼馃子，一成为锅巴菜，皆风行津门不衰。但是，绝不可把锅巴菜与炒菜或蔬菜的"菜"字联想。锅巴菜不是菜，而是羹汤一类。在众多锅巴菜中，津门"大福来"的锅巴菜首屈一指。其味正宗，是老天津卫尽人皆知的名牌产品。

相传，天津锅巴菜的创始者是水浒中菜园子张青和母夜叉孙二娘的后人张兰。清乾隆年间，乾隆帝三下江南，回宫途中，微服至天津，经张记煎饼铺，要掌柜只用煎饼做碗汤。老板张兰灵机一动，便把焦糊的老煎饼撕碎，放上细盐、香油、香菜，开水一冲，端了上去。乾隆爷平日所食山珍海味过于油腻，吃到这种汤倒很觉新鲜，味美爽口，解渴止饿，便追问此菜何名，张兰答曰"嘎巴"，乾隆觉得加一菜字更为贴切，从此便有了"锅巴菜"。第二天，乾隆的侍卫来到张记煎饼铺，开口就说："掌柜的，你的大福来了！"搞得张兰莫名其妙。"可知道昨天吃煎饼的人是谁吗？是当今皇上乾隆爷！皇上夸你们的锅巴菜好，看你们生活清苦，特赏银200两。"张兰接过银子又惊又喜，立即喊出内人叩头谢恩。从此，张兰将这个侍卫所说的"大福来"取代"张记"，成为店铺字号，煎饼铺也改成锅巴菜铺，借着乾隆的赐封，锅巴铺生意十分兴隆。到了光绪年间，张兰重孙张起发又改进了工艺，发明了大小卤制法并添加了6种小料，不断完善提高，才有了今天人们交口称赞的中华名小吃大福来锅巴菜。

大福来锅巴菜是将绿豆煎饼（天津人俗称锅巴）切成柳叶形小条，浸在素卤之中，盛碗，点上芝麻酱、腐乳汁、辣油、辣糊，撒上卤香干片和香菜沫等6种小料制成。成品五彩缤纷，多味混合，素香扑鼻，锅巴香嫩有咬劲，味美适口，营养丰富。该品凭严格的纯天然选料，精湛的14道生产工序，特别是"大小卤"工艺等三项绝活，使其风味别具特色，远近闻名，深受消费者喜爱。

人均消费： 7元。

推荐去处： 大福来锅巴菜。

煎饼馃子——经典美味小吃

天津煎饼馃子是天津传统民间小吃，只需一人就能推车设摊，可走街串巷销售，是很受群众欢迎的方便食品。

　　煎饼馃子是历史悠久，经典美味的天津知名小吃。处在九河下梢的天津人爱吃，恐怕不是那么难于理解的事情。对于"卫嘴子"的称号，天津的饮食的确有着与其他城市不同之处，就连一日之初的早点，都有着与众不同的风味。

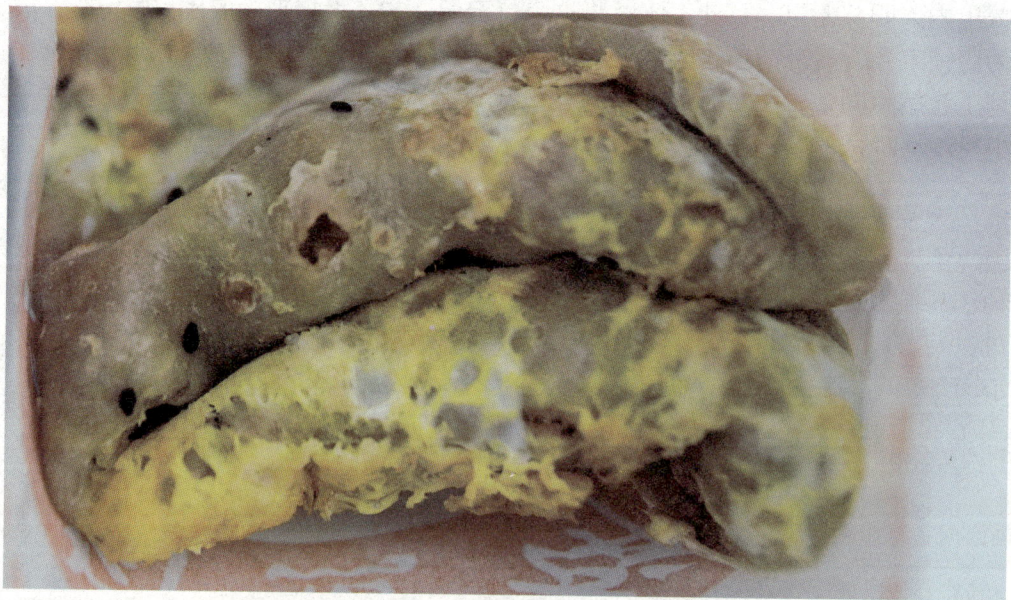

煎饼果子

煎饼馃子在天津已经有了100多年的历史，据说最初是由一位山东马姓回民首创。开始的时候，可不是如今的这种形式和味道，它只不过是一张山东大煎饼卷上一棵油条和大葱而已。后来，随着不断的改进和提高，又经过了上百年的演变，最终形成了风靡天津大街小巷、深受人们欢迎的小吃品种。

煎饼馃子最是出名，饭店酒楼里是吃不到的，唯有到一个个推着小车的商贩处才能品味到含着浓郁津味文化的市民小吃。说它是市民小吃一点也不为过，它是天津人每天的必备早点，虽然平民之极，却也别有一番精致在其中。

首先，卖煎饼馃子的小推车一定要干净，让人看着舒爽。其次，做煎饼馃子的原料要好。摊煎饼的面一定不能是白面，用白面摊出来的煎饼不但入口发粘，而且还会有一种淡淡的酸味。面一定要用绿豆面，越纯越好。有的商贩干脆把青花的小石磨搬到推车旁，边磨边做，让这些食客看得已然流出口水。卷在煎饼里面的馃子(油条或者薄脆)一定是当天新炸的，脆香焦黄。另外，撒在煎饼上的一定要是切得细细的香葱末。

舀一勺面摊在平底炉上，磕上鸡蛋，快速摊匀，撒上香葱，将煎饼迅速翻转过来，然后把油条或者薄脆放入，依次抹上甜面酱、辣酱，撒上一些椒盐和芝麻，浓浓的面香和鸡蛋的香气早已经把食客的肠胃刺激得咕咕作响了。接过来咬一口，绿豆面爽滑，馃子脆香，还有酱的浓郁和芝麻香的诱人，这一天的好心情已经从早点开始了。

一些在津过路的南方商旅，竟将煎饼馃子作为礼物买回家乡，虽然路途的颠簸，这份礼物早已失去了刚出炉时的诱人味道，但是带回家，放到微波炉里稍稍加温，还是能感觉到这与众不同的"早点风情"的。

人均消费： 5元。

推荐去处： 味嘴子煎饼果子。

贴饽饽熬鱼——"土"得又香又美

贴饽饽熬鱼是天津的土产小吃，也是一种家常饭。饽饽颜色金黄、底面焦脆，小鱼味鲜汤浓，鱼骨酥软，深受人们喜爱。

贴饽饽熬鱼是地道的天津风味小吃，其实就是极普通的家常便饭。其特点是玉米面饽饽颜色金黄、底面焦脆，小鱼味鲜香浓，鱼骨酥软。

天津地处九河下梢，上有白洋淀，下有渤海湾，低洼多水，水产十分丰富，鱼虾一年四季不断档，使天津人养成了爱吃鱼的习惯。北方又盛产玉米，棒子面饽饽是家庭的主食。不过，正宗的贴饽饽熬小鱼不是分开做，而叫"一锅熟"，就是贴饽饽和熬小鱼同时在一锅里做熟上桌。

天津卫都知道"贴饽饽熬小鱼"是一道美食佳肴，关于它，这里面还有个故事。且说乾隆皇帝便装下江南，途经天津时，被一农舍家扑鼻的清香勾住了腮帮子，顿时饥肠刮肚。乾隆可是个吃过山珍海味的"美食家"，但从未闻到过这样的香味，停住脚，往农舍里张望。奴才最会理解主子的心意，敲门说明了来意，朴实的农家夫妇热情地招待了他。此时，乾隆忘记了皇家的体面，狼吞虎咽地吃起来，越吃越爱吃，越吃味道越鲜美，最后连鱼汤也喝个干净。从江南返回紫禁城，乾隆想起了在农家的那顿美餐，就命令御厨制作。但是，乾隆只看见饭菜是从一个锅里端出来的，说不出贴饽饽熬鱼的具体名称，嚷着喊着吃"一锅熟"。这可难坏了手艺高超的御厨们，翻遍宫里珍藏的所有菜谱，也找不到"一锅熟"的名字。有一位久居津城的京官，问明情况，悟出其中的秘密，于是呈上贴饽饽熬鱼，博得龙颜大悦，对其加官晋爵自然不在话下。这大概是一则笑话，但是见贴饽饽熬鱼久有盛名，其味道可与山珍海味媲美。

如今，"贴饽饽熬小鱼"已经成了天津一道传统特色风味的地方美食，也驰名全国各地。其实它的做法很简单，随着时代变迁和环境的变化也有些改进。熬小鱼已经不是麦穗小鱼，而是鲜活的鲫鱼，掏净内脏洗净后，贴面用油煎透；然后用葱、姜、蒜、腐乳、醋、酱油略放些糖配制的佐料放锅一烹，再用温火燔一下即可食用。饽饽用玉米面再掺上点用黄豆磨细的面和好，放到铛上贴好，金黄色的嘎儿均匀，吃起来香脆。也有的用锅蒸，形状像个小金字塔，叫窝头。香喷喷的饽饽配上鲜美的熬鱼，吃起来香甜爽口，越吃越想吃。那味道，那鲜劲，吃起来保准没个够，要不然怎么连皇帝也喜欢吃呢？

另外，贴饽饽熬鱼有着极高的营养价值。贴饽饽用的是玉米面，玉米面的蛋白质属于不完全蛋白质，其中所含的人体必需氨基酸不但数量少，而且品种不全。鱼蛋白质则是优质的完全蛋白质，如果与贴饽饽同时吃，可以补充玉米面中蛋白质含量的不足和缺少的氨基酸，提高膳食中蛋白质的营养价值。

人均消费：50元。

推荐去处：东坡熬鱼馆。

天津八大碗——宴会的绝佳选择

八大碗是使用炖、扒、蒸、烩等多种烹饪方法烹制的筵席菜肴的统称,这些菜肴既有天津菜的共同特征,又各具风味,所以就成了天津菜的代表之一。

"八大碗"家喻户晓,食客皆知,也是老天津卫人喜寿丧事宴请宾朋必备的酒席。

传说,明万历二十八年(公元1600年),保定巡抚汪应蛟令驻兵在天津南郊种植水稻;清光绪初年,周盛传率军在天津屯田;清末,袁世凯在天津练兵。为方便军中饮食,军营的伙夫经常用大锅提前蒸、煮、炖、煳。用大碗盛

天津八大碗

菜，老天津卫俗称大海碗（黑色粗瓷碗），这种方法做出的饭菜软、烂、香、咸、原汁原味，很受士兵欢迎。民国初年传入民间，老天津卫各大酒席经营处也用海碗盛菜配上凉菜、八碗菜、四大扒，形成了整桌宴席。民间遇有喜寿丧事，所请厨师自带餐具炉灶，制作整桌宴席多以八大碗为主，久而久之，在津沽形成了凡有喜寿丧事必有"八大碗"。

八大碗酒席具有浓厚的乡土特色。每桌坐上八个人，上八道菜，都用清一色的大海碗。八碗前的凉碟酒肴，是6个或12个干、鲜冷荤。八大碗用料广泛、技法全面，有素有荤，多采用炒、溜、炖、煮、烩、炸、烧、　、笃、氽等技法操作，大汁大芡，大碗盛放。

八大碗可拆开单吃，也可按自己口味组合成席。"八大碗"分为粗、细、高三个档次。粗八大碗是由炒虾仁、溜鱼片、烩丸子、烩滑鱼、氽白肉丝、笃面筋、烧肉、煎丸子、松肉等选编组合的；细八大碗由炒青虾仁、烩两鸡丝、烧三丝、全炖、蟹黄蛋羹、海参丸子、元宝肉、清汤鸡、拆烩鸡、家熬鱼、溜二蘑等选编而成；高八大碗则是由鱼翅四丝、一品官燕、全家福鱼翅盖帽、桂花鱼骨、虾仁蛋羹、溜油盖、烧干贝、干贝四丝、寿字肉、喜字肉等组合成的。"素八大碗"多用于治丧或酬谢尼、僧、道士，不夹杂荤腥料物，一般是笃面筋、炸汤圆、素杂烩、炸咯拃、烩素帽、烩鲜蘑、炸素鹅脖、素烧茄子等。

天津菜传统风味菜品中的"八大碗"是中国烹饪遗产中的一部分，烹制"八大碗"是一种艺术，品尝"八大碗"则是一种文化艺术的享受。"八大碗"经数百年老一辈厨师的创造发展，形成了独特的风格。八大碗以醇正的口味、古朴的津沽文化，深深地扎根于民间，为老天津卫人所喜爱。

人均消费：55元。

推荐去处：海鲜八大碗。

明顺斋烧饼——金黄酥脆口味多

明顺斋烧饼为天津传统风味小吃，由吕凤祥在20世纪20年代在"唯一斋"制作经营，后由王树伦发扬光大，做法讲究，具有外皮金黄酥脆、内层绵软适口的特点。

　　明顺斋烧饼是天津传统风味小吃。创始人是20世纪20年代的吕凤祥，他当年便在今日纬路浦善里"唯一斋"经营烧饼。1925年，山东人王树伦到"唯一斋"学徒，拜吕凤祥为师，学习制作技术。1927年，王在该店原有的大肉、白糖芝麻烧饼的基础上，又增加了豆沙、豌豆黄、香肠、枣泥、红果、咖喱牛肉、萝卜丝等不同馅料的什锦烧饼。做法讲究，先用热香油与富强粉混合成酥面，再把面团擀开，卷成卷状上馅后，经过烙、烤两道工序而成。这种烧饼具有外皮金黄酥脆、内层绵软适口的特点。多年来，明顺斋烧饼极受广大消费者赞赏，已经成为名扬市内外的美食。1989年获全国食品金鼎奖。

明顺斋烧饼店内景

明顺斋烧饼店

人均消费：2元。

推荐去处：天津明顺斋烧饼店。

小宝栗子——甘甜可口栗香浓

小宝栗子是天津知名小吃，其色泽光亮、颗粒饱满、栗香纯正、甘甜可口，深受大众喜爱。

　　在天津，小宝栗子家喻户晓。它的知名度，一点都不亚于"天津三绝"。1996年，小宝栗子注册了"小宝栗子"商标。1998年，在黄家花园西安道口成立了"小宝栗子食品商店"，现炒现卖小宝栗子，并推出礼品盒装再搭配售卖各种烟酒食品，随后又成立了小宝栗子食品有限公司。1999年，小宝栗子开始开设分店。2000年，黄家花园保定道口的二层小楼赫然挂出了"小宝栗子"的牌匾。小宝栗子的原料都是从产地直接选购的供出口的品种，这种栗子重量均匀。在市场上是买不到重量均匀的栗子的，每年都是经理亲自去产地选购栗子。

　　小宝栗子五大特点：1.色泽光亮、颗粒饱满。2.易于剥皮、不粘不黑。3.栗香纯正、醇香无比。4.酥软鲜糯、老少皆宜。5.甘甜可口、回味无穷。

小宝栗子

人均消费： 18元。

推荐去处： 小宝栗子（大沽路店）。

石头门坎素包——薄皮大馅有嚼劲

石头门坎素包是天津传统风味小吃，由清末天后宫旁的真素园餐馆发明，是个有百年老字号的食品。其特点是薄皮大馅、低脂肪、高蛋白、味醇清口。

天津的素食小吃中，开业至今已有100余年历史的石头门坎素包，深受人们欢迎。

石头门坎素包店原为清乾隆末年在宫南大街开业的真素园，以经营各色素食而闻名。其中出售一种用绿豆芽、油面筋、木耳、黄花菜、白香干、粉皮等调成馅料制成的包子，以其选料多样、清素不腻、制作讲究、物美价廉而深受广大食客的喜爱。真素园临近海河，为了防止洪水泛滥，那里有一道用石头筑起的矮墙，看上去很像一道门坎，所以天津人便将真素园的素馅包子叫作"石头门坎素包"。"真素园"在创业者兢兢业业的努力下，生意越来越红火，名声也越来越大。当时已成为津沽饮食界的佼佼者。据说，当年慈禧太后来天津天后宫进香，曾御驾亲邻"真素园"御口品尝了美味的素包，食后喜形于色，连连称赞"这家的素包味道真好，比御膳房的菜还顺口"。近代大书法家华世奎先生，亲笔为"真素园"题联云："味甘腴见真德性，数晨夕有素心人。"

今在南市食品街和风味食廊的店名就叫"石头门坎素包店"。石头门坎素包馅中共投入19种副料，均为各地名产，每个包子都捏成21个摺，旺火蒸十几分钟即熟。制成的包子薄皮大馅，有咬劲，其浓郁独特的素香味，食之回味无穷，尤为老年人喜食，确为天津的独特传统风味小吃。

人均消费： 17元。

推荐去处： 石头门坎素包店（南市食品街店）。

恩发德蒸饺——味美形也美

恩发德蒸饺是天津清真风味小吃，1921年由时文德创建。其有咬劲，不渗油，肥而不腻，鲜嫩味美。

　　我国北方人把饺子看得非常"神圣"，用饺子来作为节日的佳肴，以饺子为主食。饺子多种多样，且用料广泛，制作方法多样。天津的恩发德蒸饺制作样式别有一番风味。

　　1921年由时文德创建的恩发德蒸饺是天津地区的清真风味小吃。其外形精美，如道士帽状，馅料为西葫芦加羊肉，用洗净的西葫芦去皮去瓤，羊肉末用开水烙透，搅入酱油、花生油、香油、精盐、葱姜末，最后将西葫芦馅投入拌匀。将擀成的面皮挤捏成道士帽形的饺子生坯，上屉用旺火蒸熟。

人均消费： 28。

推荐去处： 津南区店。

果仁张——祖传美食 宫廷御膳

果仁张是老字号食品，历经四代传人，属宫廷御膳，被赐名为"蜜贡张"。天津果仁张制作的各种美味果仁，自然性显色和放香，香而不俗，甜而不腻，色泽鲜美，酥脆可口，久储不绵。主要产品为挂霜系列果仁。

推荐星级：★★★★

　　提起天津的小吃，十有八九的人立马就想到果仁张。这果仁张早在170多年前就是宫廷御膳，是专供皇上吃的小食品。果仁张为天津传统小吃，创始于1830年，创始人张氏两代是清朝宫廷御膳房名厨师，第三代张惠山曾为国家高级宴会制作各种食品，受到国内外宾客的好评。第四代传人张翼峰和夫人陈敬在新的环境下进一步发展了果仁张食品，并首创了挂霜系列新产品，深受国内外宾客的青睐。

　　果仁张成品以花生仁、腰果仁、核桃仁、瓜子仁、杏仁、松仁及多种豆类为主料，有虎皮、琥珀、净香、奶香、五香、桔香、柠檬、薄荷、番茄、山楂、海菜、咖啡、可可、姜汁等品类。

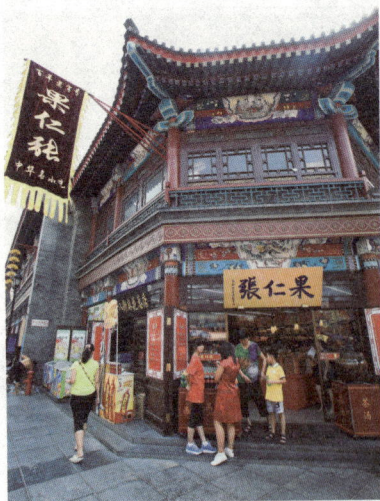

果仁张店

各种各样的果仁

果仁张产品

　　果仁张食品具有香甜酥脆、美味可口、回味无穷、久储不绵的特点。它以其精湛的工艺、独特的风味闻名海内外，被称为"食苑一绝"。

　　如今的果仁张制品凝结了四代人的艰辛智慧，制作技艺和配料十分严格。要求果仁籽粒饱满并合乎规格，根据季节变化掌握油质和油温，针对果仁制品的不同色泽和味道调制配料，工艺手法有推、翻、摁、抄、拨、托、提、压、转、挤、拢、点、撩等。

人均消费： 26元。

推荐去处： 果仁张店。

杜称奇火烧——酥脆细腻吃不厌

杜称奇火烧为津门特色风味小吃，因其创始人的姓名而得名，迄今已有90余年历史。其外焦内嫩，馅心细腻，口味醇香。

　　1922年，杜称奇火烧创始人杜称奇夫妇在天津南门西鱼市姚家下厂以一张小案子卖蒸食、火烧为生。他们烙火烧有个绝招，就是用大葱和大茴香先把油炼制一下，然后制作火烧。这一招儿，使他们的火烧味道分外纯正、清香。因此，很多人想吃火烧都买他们的。由于杜称奇比较会经营，由此使他的业务不断扩大，由支案设摊改为租用店铺，并挂起了"杜称奇"三个大字招牌，他们的火烧名气也大了。天津解放后，杜称奇的品种更加丰富，烙出红果馅、豆馅、甜咸等火烧。连京剧大师梅兰芳来津时，也慕名派人买了杜称奇火烧，品尝之后也大加赞扬，后来由他的儿子继承了家传技艺。南市食品街建成后，特邀请了杜称奇的儿子杜茂，以及杜称奇新传技艺的三个弟子周荣先、段玉起、刘运起进食品街开设了分店，使更多的中外宾客尝到这一传统小吃。其火烧层次多而薄，外焦里嫩，香、甜、酥、脆。品种分为什锦、豆馅、甜咸、红果、玫瑰五种馅心，颇受群众欢迎，堪称津城烤烙佳品。

人均消费：2元。

推荐去处：杜称奇小吃店。

知味斋水爆肚——滋味醇厚 营养丰富

知味斋水爆肚是天津风味小吃，创于1920年。吃时趁热蘸料，滋味醇厚，具健脾养胃之功效。肚丝鲜、脆、嫩、爽口。

　　天津知味斋水爆肚店铺在津发展较早。据天津文史资料记载，清朝末年，天津南市尚为一片洼地，称城南洼。1920年后才陆续建起25条街道，逐渐形成新的繁华区，各种店铺、茶园、说书场、戏院日益增多。当时，知味斋在南市门脸不大，却以经营水爆肚闻名津门。

　　知味斋水爆肚的制作方法为先把整牛肚用清水冲刷洗净，特别是千层百叶部位。接着竖着切成5厘米左右的长条，再横着切成1厘米宽的细丝。然后在锅内放清水煮沸，倒入切好的肚丝，爆的时间要恰到好处，吃的时候蘸调好的小料。

　　知味斋早在新中国成立前就停业多年了，1984年，为了发扬天津特色的传统小吃，重新恢复了这一风味小吃。其中尤以南市食品街上的知味斋所经营的较为有名。

人均消费： 41元。

推荐去处： 知味斋（南市店）。

崩豆张——吃不胖的零食小吃

推荐星级：★★★

崩豆张是天津老字号食品，创于清嘉庆年间，历经五代传人。其脆而不绵、不硬、不含胆固醇，久嚼成浆，浓香满口。

"崩豆张"是个老字号，以制作各种宫廷御膳干货、豆类食品而闻名于世，有200多年的历史。

早在清乾隆年间，崩豆张第一代创始人张德才在宫廷御膳房供职，以擅长制作各种干货、豆类小食品而受到宫廷贵族赏识。光绪年间，第二代传人张永泰兄弟三人在其父去世后，举家迁居天津，秉承父业，继续制作和经营各种干货、豆类小食品，制作出色、香、味独特的糊皮正香崩豆、灰皮素香果仁、七美香瓜子等多种酥、甜、咸的小食品。这些干货、豆类小食品远近闻名，深受顾客喜爱，在津门开始叫响，并且先后在老城里、丁公祠和小药王庙创建了

崩豆张

品种繁多的豆子

"永泰成""永德成"两家字号，他们继承了父亲炒制干货的高超技艺，把这一宫廷美味小食品传到了天津民间。第三代传人张相继承前人传统工艺，再一次将其发扬光大，相继在南市、大罗天开设了"老德发""老德成"字号，前店后场，自产自销祖传豆类干货小食品。因其技术精湛、质量极佳、口味纯正而赢得了老百姓的青睐，人送绰号"崩豆张"，从此崩豆张的字号在民间广为流传。第四代传人张国华14岁就随父学艺，祖传技能，在滨江道、教堂后两地建厂开店，字号为"崩豆张"并任经理。1956年公私合营，他转入到和平区干果加工厂工作。在"文革"期间，"崩豆张"产品被视为"四旧"，他亦被迫辞职，崩豆张产品从此断档。1983年，改革开放的春风唤醒了沉睡多年的张国华，为了弘扬祖国古老优秀食品文化，他又振奋精神，重操旧业，恢复了祖传清宫风味的豆类干货小食品。"崩豆张"的第五代传人是张福全、张祯全、张祥全、张友全和张大全。1985年，"崩豆张"首批进入南市食品街经营，重新恢复了老字号，经营品种多种多样。经过前几代人的不懈努力，不断推陈出新，使得"崩豆张"的字号在社会上广为流传、家喻户晓。由于制作的食品具有独特风味，被国内外友人称为"食品一绝"。

人均消费： 18元。

推荐去处： 崩豆张（南市店）。

喇嘛糕——老少皆宜的营养佳品

喇嘛糕是津门传统风味小吃。其特点是色泽金黄，甜爽适口，松软，营养。以辽宁路京津餐厅经营的较为有名。

　　天津小吃花样繁多，数不胜数。喇嘛糕便是其中深受百姓欢迎的传统小吃之一。喇嘛糕是阜新境内蒙古族的一种传统糕点。它选用精制面粉、白砂糖、鸡蛋为主要原料，以瓜籽仁、青红丝、桂花为辅助原料，放入烤炉烤制而成。其特点是洁白如雪、味道香甜、口感松软，富有弹性，是老少皆宜的营养佳品。

　　成品的喇嘛糕为圆形或圆底六瓣形，鼓状，无气泡，不卷边，无坑点，块型整齐；绵软不黏，有弹性，蜂窝均匀，无杂质；甜润利口，有桂花、蛋香味，无异味。

　　喇嘛糕的做法是将蛋黄加入白砂糖搅溶，再将鸡蛋清抽搅成蛋泡糊，把精白粉、鸡蛋和匀，加入精盐拌匀，倒入模具内，撒少许青红丝、瓜籽仁、桂花，蒸熟切块。

人均消费： 2元。

推荐去处： 辽宁路京津餐厅。

红旗饭庄——天津人最认的津菜馆

红旗饭庄前身为"同聚楼"，是天津著名的老字号，以专营天津风味菜品著称，具有70余年的历史。

红旗饭庄是著名的天津风味餐馆，具有70余年的历史，原坐落在天津市北马路108号，因1958年被评为全国五省三市卫生红旗单位而得名。2000年因城市规划迁址到红桥区临水道11号。近年来，红旗饭庄大力弘扬津菜文化，精心打造津菜品牌。

红旗饭庄以经营天津地方特色菜品而享誉津门，日常经营天津风味菜点300余种，其代表菜有：蟹黄鱼翅、八卦鱼肚、玉兔烧肉、银鱼紫蟹火锅、炒青虾仁等50余种。1998年红旗饭庄在创新、挖掘、普及、发展天津菜系方面成绩卓著，被市政府确定为津菜基地。多年来，红旗饭庄党支部荣获市级先进党组织，企业获天津市优秀企业和市级文明单位称号，市总工会"九五"立功先进单位，天津市餐饮行业卫生达标先进单位，市物价、计量信得过单位等。2001年被命名为"中华餐饮名店""天津市餐饮名店"。

人均消费：67元。

推荐去处：红旗饭庄（河西店）。

开放时间：10：00—14：00；17：00—22：00。

马记茶汤——来上一碗 暖在心里

马记茶汤起源于明朝末年。茶汤与冲好的藕粉比较相似，加有其他配料，有多种口味可供选择，色泽粉红，质地细腻，香甜润口。

早在500年前，明朝宫廷小吃中，茶汤已赫赫有名，有时谣为证："翰林院文章，太医院药方。光禄寺茶汤，武库司刀枪。"文武或药食并列，而食推茶汤，可见其风靡朝野。旧时，卖茶汤的大都是肩挑食担，走街唱卖。那挑担，一头是装粉子和食具的木箱，另一头是一个闪光程亮的大铜壶，冲茶汤时，动作舒展利落，张弛有度，协调配合，舀面、抓料、倒水都毫厘不差，围观人群观赏不绝。

马记茶汤有两个特色：一是烹调方法特殊，用开水冲的方法将茶汤冲熟；二是用具特殊，使有一把铜制大茶壶，壶高60厘米，直径50厘米，壶嘴细长，壶内四周贮水，中间空如炉膛，将燃煤放入膛内，把水烧开，即可用以冲熟茶汤。

地道的风味茶汤，随着电视连续剧《龙嘴大茶壶》的播出，名噪四海，吸引了不少游客。看着祖传几代的马记茶汤师傅冲水时独特而优美的姿势，细品着热气腾腾的茶汤，真是一种地方文化的享受。

如今在食品街、文化街等地都能见到马记茶汤的身影。

人均消费: 5元。

推荐去处: 马记茶汤（南市食品街）。

芝兰斋糕干——很实惠的点心

芝兰斋糕干是天津著名风味小吃，因糕干是芝兰斋字号创制而得名。糕干外观洁白，不粘牙、不掉面，口感绵软，风味独特。

　　芝兰斋糕干是天津著名风味小吃，始创于1928年。创始人费效曾在沈庄子大街以芝兰斋字号出售糕干，因产品质佳价廉，颇受人们喜欢。当地人都把它当作农历正月里喜爱的食品，一直传承到今天，因此成为天津的一大特色。

　　制作天津小吃芝兰斋糕干，选用的是天津特产小站稻米和上等糯米所磨米粉，辅以豆沙、白糖、红果、菠萝等多种馅心，上撒松子仁、瓜子仁、核桃仁、青红丝等辅料。

　　芝兰斋糕干具体制作方法是：先将米磨成极细的粉，铺入特制的木模中，然后在上面放入以优质红小豆、芝麻、桃仁、葡萄干、瓜条、橘丁等精制而成的馅料，再撒上一层米粉。上笼蒸熟后，撒上桂花、青梅等小料。出笼的芝兰斋糕干，松软洁白，馅心、馅料多色多样，各具滋味，入口绵软而有韧性，不粘牙，越嚼越香，凉吃热食均可。

芝兰斋糕干

起士林大饭店——百年历史的西餐馆

起士林大饭店始建于1901年，由德国人阿尔伯特·起士林以自己的名字创办，已有百年历史，驰名中外，声誉显赫。

　　1900年，八国联军侵占天津，在德国侵略军里有一位厨师名叫威廉·起士林，德军撤走后，他与妻子留在天津开设了一家小西餐馆，以自己的名字"起士林"为店名。开业初期经营面包、咖啡、糕点，逐渐增加了德式、法式大菜。起士林依靠天时、地利、人和在天津打开了局面，成为天津最早的西餐馆。餐厅格局分为两人套间、四人套间，同时还借鉴天津八大成饭庄的做法，把餐厅布置成环境幽雅的场所，墙上悬挂着18世纪著名的油画，突出了欧洲文化风格。

　　新中国成立后，起士林被市人民政府接管。1981年，起士林餐厅将"起士林"三个字进行商标注册，使起士林在国际、国内的生产经营受到法律的保护。起士林利用名牌效应，以独特的经营品种闻名遐迩。目前，该店经营以德式菜为主，兼营俄、英、法、意西式大菜、大众化西式快餐及西点、冷热饮、糖果、面包、饼干、咖啡等共计7大系列1 000余个品种，是集餐饮、食品加工、销售为一体的综合性企业。其代表菜有"蔬菜烤目鱼""奶油芝士烤鱼""罐焖牛肉""黄油蛋糕"等，口味正宗，特点鲜明。2001年，起士林迎来了它的百年庆典，经过改造装修，一栋建筑面积6 600平方米的白色欧式建筑，以其独特的异国文化氛围，矗立在和平区浙江路上。在避暑胜地北戴河还设有园林式起士林分店，面积8 000平方米。另外，在津汇广场、黄河道和北京等地也开设了分店，它还下辖3个食品生产车间和4个食品直销店。

　　起士林的西餐传播了西方的饮食文化，也是老一辈天津人津津乐道的传奇篇章。从精美的餐具到花样繁多的西式菜品，从布置考究的店堂到周到礼貌的服务，起士林为天津的餐饮界谱写了靓丽的华章……

起士林大饭店外景

人均消费： 139元。

推荐去处： 起士林大饭店（浙江路店）。

开放时间： 10：00—21：00。

南市食品街——众口尽调一街中

南市食品街位于和平区繁华地带，这里不仅云集了全国各地的珍馐美味、风味小吃，而且建筑别具一格，具有浓厚的民族特色。作为游客，想绕过这里几乎是不可能的。

南市食品街位于天津和平区南市商圈中心地带，建成于1984年，百日建成，于1985年初开业。1989年被天津市政府命名为津门十景之一。

南市食品街采用民族风格建筑，整个街如同一座宫殿，雄伟壮观，古朴典雅。街内四门贯通，玻璃穹顶，800米长的汉白玉回廊挑台，气势宏伟，如同一座宫城，古色古香。四门分别命名为振羽门、兴歌门、中圣门、华腴门，意即"振兴中华"。南市食品街将中华民族的建筑艺术和烹饪艺术相融合，融餐饮、购物、旅游为一体，成为天津目前最大的餐饮美食城。

街上聚集了百家名店，集佳肴美食于一体，既有正宗天津名菜和风味小吃，又荟萃全国各大菜系特色菜品；既有久负盛名的宫廷御膳，又有乡土风味的农家便饭；既有清真大菜和素餐，又有各式西餐西点。

每逢假日，这里就人山人海。

人均消费： 免费。

推荐去处： 全天开放。

开放时间： 乘坐606路、634路、642路、651路、824路、829路、962路等公交在南市食品街站下车即到。

第 8 章

文化味儿很足的地方

天津古文化街——藏不住的"津味儿"

一条以元代古迹天后宫为中心的仿明清风格的商业步行街。街内有杨柳青年画、风筝魏风筝、泥人张彩塑等近百家店铺。

古文化街是津门十景之一，景名"故里寻踪"。它位于南开区东北隅东门外，海河西岸，全长580米，系商业步行街。它是一条由仿中国清代民间小式店铺组成的街道，街内有近百家店堂。

天津古文化街于1986年元旦建成开业，包括天后宫及宫南、宫北大街。天后宫位于全街的中心，南北街口各有牌坊一座，上书"津门故里"和"沽上艺苑"。

古文化街的街貌、店铺和商品，都带有浓郁的艺术气息，街内古玩、字画、碑帖、文房四宝和天津民间工艺品，琳琅满目。街上的近百家店铺门面皆为清代风格，一律青砖砌体、磨砖对缝，有坡顶、飞椽廊柱的楼阁，也有冰盘

津门故里

天津古文化街

檐、挂落板、朝天栏杆的平顶小轩。举目望去，高低相间，起伏有致。古文化街中心的天后宫前，过街戏楼雄伟壮丽，桅杆旗幡直插云天，宫前广场宽阔豁亮。漫步古文化街，进出店铺时，您会看到许多店铺门面檐下、坊间有一幅幅极具江南造园艺术风格的苏画。其构图生动，形态逼真，使得古文化街绚丽无比，风采迷人。

全街近百家店堂，有经营天津地方特色的杨柳青画社和泥人张彩塑工艺品经营部，有经营文房四宝、名人字画的四宝堂和春在堂，有经营文物古玩的文物公司萃文斋门市部，还有经营全国各地的景泰蓝，双面绣，牙玉雕，艺术陶瓷，中西乐器，金银饰品等上万种名优工艺品的几十家店堂，各种商品货真价实，物美价廉，商家以质量和信誉吸引中外游客。

自古以来，这一带就是天津最大的集市贸易和年货市场，每年春季，天津规模盛大的皇会——娘娘诞辰吉日就在这里举行。"皇会"最初叫"娘娘会"。相传农历三月二十三日，是"天后宫"海神娘娘的生日。从清康熙年间开始，在海神娘娘诞辰之前出会4天。每逢此时，民间的法鼓会、大乐会、鹤龄会、重阁会、中幡会、高跷会等，沿街表演各种技艺，呈现一番盛况。古文化街修复以后，每年农历三月二十三日，又恢复了"皇会"。在这一天，以龙灯、高跷、旱船、秧歌、法鼓、中幡、狮子舞和武术等表演为主，街头熙熙攘攘，热闹异常，成为丰富市民文化生活的盛举。

作为津门十景之一，天津古文化街始终坚持着"中国味，天津味，文化味，古味"的特色。党和国家领导人都曾先后来这里参观视察，邓小平同志在视察古文化街时说："古文化街很有特色，对外国人一定有吸引力。"古文化街以浓郁的民俗风情，热情周到的优质服务欢迎世界各地的游客来参观。

门票信息： 免费。

开放时间： 全天开放。

交通导航： 乘坐1路、4路、12路、15路、611路、612路、619路、624路、824路公交，即可到达天津古文化街旅游区。

古文化街上的店铺

茶馆里听相声—— 找找乐子

推荐星级：★★★★★

天津文化底蕴深厚，是全国著名的曲艺之乡。以相声为代表的曲艺文化在天津具有广泛的群众基础，相声文化已逐渐成为天津传统文化的标志之一。近年来，传统的相声演出场地"茶馆"也已经成为都市时尚的休闲娱乐场所，到天津不上茶馆里听听相声是一种缺憾。

台上一块醒木、一把折扇、一条手绢；演员身穿长袍马褂，口若悬河、妙语连珠；台下观众品着盖碗茶、嗑着瓜子，笑声不断，掌声不绝……这是当今天津茶馆相声演出的独特景致。

茶馆相声是重量级的天津文化品牌。很多人都知道，相声就是从天津发源的。最早的相声演出在清末至上世纪20年代，此间天津相声进入繁荣发展阶段，津京两地相声演员频繁往来，许多相声演员在天津演红后，又赴全国各地演出。光绪初年，北京艺人玉二福来津长期演出。清末民初，在北京扬名的相声演员有"八德"：裕德龙、马德禄、李德锡、焦德海、刘德志、张德泉、周德山、李德祥。他们都曾来津演出。新中国成立前，天津的著名相声演员有李德锡(艺名万人迷，有"滑稽大王"之称)，张寿臣(有"幽默大师"之称)，马三立，侯宝林，常宝堃(艺名小蘑菇)。新中国成立后，活跃在天津舞台上的相声演员还有郭荣起、常宝霆、苏文茂、刘文亨、高英培、马志明、李伯祥、魏文亮等。传统相声曲目有300余段。天津人民喜欢相声，相声也为天津人民带来了更多的欢乐和笑声。

津门相声确系镌刻着天津人的某些脾性，天津的世俗生活也正是游弋在"地上"的相声家们驰骋才情的天地。天津很多相声题材是以普通百姓的视角，反映市井生活。观众能在相声中，找到生活的影子，相声作为一种为百姓所喜闻乐见的"俗"文化，从创作和表演都脱离不了市井民生，且消费不高却能得其所乐，自然就会受到喜爱。

茶馆里听相声

名流茶馆牌匾

　　天津相声的表演特色是自成一派的，多以讽刺见长，火爆热烈，富于幽默感，说逗俱佳。如张寿臣的《哏政部》、小蘑菇的《牙粉袋》、马三立的《买猴》等作品，讽刺意味浓厚。

　　相声最初起源于天津的茶馆。天津拥有全国最广泛的相声基础，也拥有全国基本功最扎实的相声演员。到天津，"品天津三绝，听茶馆相声"已经在全国叫响。在天津茶馆相声观众里，外地观众所占比例越来越大，不仅北京、河北、山西、山东等地专程来的观众越来越多，天津茶馆相声的影响甚至还跨过了长江。此外，"到天津听茶馆相声"已成为国内许多80后、90后追求时尚的一种标签。

　　在天津的名流茶馆、中国大戏院小剧场、谦祥益等天津各相声茶馆中，聚满了爱听相声的观众。原汁原味、贴近群众、票价低廉是天津茶馆相声越来越火爆的基础。

在天津听相声，初来者，可以去谦祥益或名流来一次小剧场初体验。不过，稍微讲究点儿的，就不纯粹讲究演出场所，而追求演出团队是否合自己口味了。天津目前名气最大的相声团队有众友、哈哈笑和九河，可谓藏龙卧虎、人才济济。

与北京的相声不同，天津的相声团里，除了刚刚露面有待被提携的新人们，其他的，甭管排几号上场，那都是角儿——哈哈笑的"铁刨花儿"许建、"刘坏水儿"刘文步、"大腮帮子"郑福山、"碰瓷儿"赵津生；众友的团长马三立的弟子尹笑声、侯宝林的弟子"阳光男孩"黄铁良；风靡天津大中校园的相声新秀裘英俊、北方曲校老师佟守本；抱着一架"宝琴"唱着花儿乐队的"咪咪妈咪哄"的王志新，以及没脖子的快板名角何德利，都是一出场不说话观众就能乐趴下的角儿。

尹笑声是众友相声团的团长，他在茶馆相声界是绝对名家。他自6岁开始学相声，7岁登台演出。父亲尹寿山是他的启蒙老师，因其聪颖好学，马三立收他为弟子。他兼得师父与父亲的一些表演特点，能捧能逗，说唱俱佳。

刘文步是哈哈笑相声团的演员，他很有观众缘，很多人就是冲着他去听相声的。刘文步12岁拜杨少奎为师，15岁开始演出。最初，刘文步演出是在空地儿，四周是观众，人称"撂地儿"。后来，他进入茶馆说相声。

2003年，"佟马组合"开始在天津茶馆相声界异军突起，不仅得到观众欢迎，也得到了诸多业内专家的认可。他们的传统相声表演扎实、火爆，同时又大量借鉴网络和当代流行词汇。如佟有为的《黛玉走四方》就是从网络得到的启发，因而广受年轻人欢迎，也使他们赢得了由天津曲协颁发的"百姓最喜爱的相声演员"称号。

在天津茶馆相声界，名流茶馆的相声演出是享有盛名的，许多去过天津听相声的都推荐这里。其馆名为天津相声泰斗马三立所题写，可见其与相声的渊源。

名流茶馆始建于1991年，是改革开放茶馆行业复苏以来天津第一家具有传统民俗特征和举办民间演出性质的茶馆，现在更成为天津茶馆相声的代表。目前名流茶馆分为三处经营，一处位于和平区新华路177号，营业面积约为200平方米，称为新华路店；另一处位于南开区古文化街，于2007年2月开业，营业面积约为350平方米，称为"古文化街店"；第三处位于鼓楼南街52号，营业面积为340平方米，2009年10月开业，简称"名流鼓楼店"。

名流茶馆是在老舍先生夫人胡絜青和吴同宾等先生的指点协助下策划、设计的。奇幻精装修沿袭中国传统茶馆风格，池子内摆放大型方桌、靠背椅，雕梁画栋，更有数盏宫灯悬挂，呈古色古香、典雅庄重的气氛格局。马三立先生题写"名流茶馆"的匾额，老舍夫人胡絜青为名流茶馆题写"名流"二字，为茶馆提升了品位。开业之初，天津市人大常委会原主任为名流茶馆题写了"天津名流茶馆"六个字，充分证明了各级政府领导对文化事业的关心和爱护。

"名流茶馆"已走过20个春夏秋冬，而值得庆幸的是，在各级领导及朋友们的关心支持下，"名流茶馆"更是以其经营活跃，特色鲜明，文化档次高成为天津津味儿文化阵地的代表，被人称为天津茶馆文化的"旗舰"，是天津新文化的品牌。

门票信息：名流茶馆51元。

开放时间：全天开放。

交通导航：乘坐34路、610路、611路、693路、840路、849路、954路公交车可以到达。

天津话——倍儿哏儿

天津方言是天津人性格的外在表现。天津话的特殊口音和语汇直接反映了天津人的幽默、直爽和豪放。现在，天津话已经开始靠近普通话，一些词语只在老人的口中能听到，年轻人很少使用。

俗话说，"京油子、卫嘴子"，天津人能言善辩、言语幽默古今闻名。用天津话讲，天津人"真哏儿"。目前中国流行的许多词汇均出自天津人之口。网上也喜欢用天津话编搞笑段子，也许，天津方言"哏"的天性，刺激了大众的幽默热情。

天津话能从全国众多方言之中脱颖而出成为"知名品牌"，跟天津这些年出了不少相声演员恐怕不无关系。尤其是当年冯巩主演的电影《没事偷着乐》，一经上映，天津话一时风靡大江南北，广受追捧，涌现出无数"业余爱好者"，直到现在还有不少人能煞有其事地来上两句："说你是佐罗吧，你又没带枪……"在电影《饭局也疯狂》中，天津籍演员刘亚津饰演的土大款蔡牙金满口的天津话，痛快，幽默，笑点颇多。

天津话另一广为人知的特点，就是把陌生女子统称为"姐姐"，有句话叫："到了天津，就没有妹妹。"

天津人说话很有色彩，天津人性格上的爽朗、乐观、满不在乎通过天津话体现得淋漓尽致，特色词汇比较多。有天津人在场聊天，场面一定会很热闹。

天津人爱说"嘛"，"这是什么"在天津人嘴里成了"介寺嘛"，和"倍儿哏儿"一样，是天津话里最典型的代表。天津人说话爱"吃"字，四个字的词吃成三个字，三个字的词吃成两个字，说起来简短，嘎嘣脆。比如天津人说"百货公司"是"百公司"，"劝业场"是"劝场"。天津方言里没有卷舌音，"说""缩"不分、"知""至"不分、"识""四"不分、"车""册"不分，外人听起来有种天生的幽默效果。

　　天津人说话齿音重，譬如把"事情"说成是"四情"，把"说"说成是"缩"。有一个笑话，天津人说话，原来是说一个面"一揉揉短了，一抻抻长了"，经天津人一说就成了"一优优短了，一参（cēn）参（cēn）长了"。这是因为天津人把声母r，读成了声母y，把声母ch，读成为声母c，这就是天津人说话齿音重的原因。

　　天津是移民城市。相传移民者大多是明代朱洪武的江淮兵，加之天津在清代又是淮军的大本营，所以天津话的发音及词汇，受苏北江淮一带的方言影响较大，但更加粗声大气，又融合了北方的发音特点。老天津话受江淮影响的同时，也受着老北京方言的影响。至今有许多天津方言与北京方言是通用的，尤其是口语。过去就听说过"说卫（天津卫）话，带京腔"的说法。

　　许多人认为天津话很俗，小市民味特重。可是哪种方言又没有小市民味呢？语言本身就是大众的。过去天津卫的老腔调是有些粗俗，包括许多天津特有的"津腔"——"咱介不寺没银耐吗"（咱这不是没人爱吗）；"油泥嘛丝儿，你管凿吗"（有你什么事，你管得着吗）等，成了外地人挖苦天津人的笑料。现如今这种纯正的"津腔"，在40岁以下的人群中，已经很难听到了。

杨柳青年画——民间美术的瑰宝

杨柳青年画为中国著名民间木版年画，始于明末，因在天津市西南杨柳青镇生产而得名。其造型方式和艺术风格汲取了中国工笔重彩画和民间版画的精华，笔法细腻，色彩艳丽，题材丰富、生动、有趣，是我国民间美术的一朵奇葩。

推荐星级：★★★

天津杨柳青年画是中国北方流传于民间的木版年画，因源于天津杨柳青镇而得名，流传至今已历400余年。它遗存丰富，表达了民间百姓的精神天地和文化的连续性，因此有"民间大百科全书"之称，被列入国务院公布的首批国家级非物质文化遗产名录。

杨柳青年画

　　杨柳青年画创始于明崇祯年间，盛于清雍正、乾隆至光绪初年。最早开业的画铺为崇祯年代(1628—1644年)的戴廉增、齐健隆两家，后又有惠隆、美丽、宪章等字号。初期年画保存下来的很少，现在多见的是明末到清代嘉庆、道光年间的优秀作品。

　　杨柳青年画继承了宋、元绘画的传统，吸收了明代木刻版画、工艺美术、戏剧舞台的形式，采用木版套印和手工彩绘相结合的方法，创立了鲜明活泼、喜气吉祥、富有感人题材的独特风格。制作时，先用木版雕出画面线纹，然后用墨印在上面，套过两三次单色版后，再以彩笔填绘。既有版味、木味，又有手绘的色彩斑斓与工艺性，因此，民间艺术的韵味浓郁，富有中国气派。

杨柳青画店

　　杨柳青年画的制作程序大致是：创稿、分版、刻版、套印、彩绘、装裱。前期工序与其他木版年画大致相同，都是依据画稿刻版套印；而杨柳青年画的后期制作，却是花费较多的工序于手工彩绘，把版画的刀法版味与绘画的笔触色调，巧妙地融为一体，使两种艺术相得益彰。而且还由于彩绘艺人的表现手法不同，同样一幅杨柳青年画坯子（未经彩绘处理的墨线或套版的半成品），可以分别画成精描细绘、色彩素雅的"细活"和豪放粗犷的"粗活"，艺术风格迥然不同，各具艺术价值。

　　杨柳青木版年画的造型方式和艺术风格汲取了中国工笔重彩画和民间版画艺术的精华，保留着中国古老的雕版印刷技术，刻工精美，绘制细腻，人物生动，色彩典雅。在众多的中国民间年画中，它以其生动而有趣的题材，优美而真实的形象，富于装饰趣味的构图和艳丽的色彩，为历代人们所喜爱。其内容凸显民族传统，把农耕社会的文明审美观和生存体验表达得淋漓尽致，寄托着人们的希望和向往，成为迎接新岁、纳福祈吉的重要载体。杨柳青木版年画在发展过程中兼容并蓄，无美不臻，浑然汇成一个泱泱艺术体系。它的形成与兴盛有着深刻的历史背景和文化土壤，是我们祖先留给人类的艺术活化石。

　　天津杨柳青木版年画博物馆始建于2008年9月，建筑面积3 535平方米，是以收藏、研究、展示杨柳青木版年画为主题的公益性博物馆。博物馆全面客观地反映了杨柳青木版年画的起源、繁荣、濒危、抢救、保护、传承和发展的历史过程。馆内珍藏自明代以来杨柳青木版年画万余张，画版6 400余块。它的建立对研究天津以及中国北方地区的民俗民风，更好地保护和传承杨柳青木版年画具有重要的作用。

门票信息： 免费。

开放时间： 9：00—16：30（周一闭馆）。

交通导航： 乘坐公交车13路、47路、48路、95路、175路、662路、677路、698路、800路、838路、855路、872路、908路、963路等在儿童医院下车即到天津杨柳青木版年画博物馆。

泥人张——捏活了人间百态

推荐星级：★★★★

天津泥人张始于清道光年间，是享誉国内外的天津特色民间艺术品，创始人是张明山。泥人张不仅捏出了一个个生动的泥人,更捏出了中国民间艺术的精髓。

渤海之滨的天津，民间艺术荟萃，享有天津三绝之一的泥人张彩塑，乃是百花园中的一朵奇葩。天津泥人张彩塑是一种深得百姓喜爱的民间美术品，始于清道光年间，创始人是张明山，流传、发展至今已有180年的历史。它在继承传统的基础上创造自己的风格，其作品取材广泛，塑造人物生动，塑与绘的结合使作品更具生命力。其艺术地位获得国际认可。泥人张经过几代人的传承，成为我国泥塑艺术的又一个高峰。

张明山自幼随父亲从事泥塑制作，练就一手绝技。18岁即得艺名"泥人张"，以家族形式经营泥塑作坊塑古斋。他只需和人对面座谈，搏土于手，不动声色，瞬息而成。面目径寸，不仅形神毕肖，且栩栩如生，须眉欲动。

1915年，张明山创作的《编织女工》彩塑作品获得巴拿马万国博览会一等

泥人张创始人张明山

泥人张店铺

奖，张玉亭的作品获得巴拿马万国博览会荣誉奖。"泥人张"后经张玉亭、张景福、张景禧、张景祜、张铭等四代人的传承，成为中国北方泥塑艺术的代表。

1949年后，人民政府对泥人张彩塑采取了保护、扶持和发展的政策，安排张家几代艺人到文艺创作、教学等部门工作。第二代传人张玉亭被聘为天津市文史馆馆长，同时民间彩塑艺术步入大学殿堂；第三代传人张景祜先后受聘于中央美院、中央工艺美院任教，在天津建立泥人张彩塑工作室，先后招收5批学员，为国家培养了一大批彩塑艺术的专门人才；第四代传人张铭在主持工作室和教学工作的20多年中，呕心沥血，传授技艺。从此，泥人张彩塑艺术从家庭作坊走向社会。郭沫若曾题词"昨日造人只一家，而今桃李满天下"。

"泥人张"彩塑创作题材广泛，或反映民间习俗，或取材于民间故事、舞台戏剧，或直接取材于《水浒》《红楼梦》《三国演义》等古典文学名著。所塑作品不仅形似，而且以形写神，达到神形兼具的境地。"泥人张"彩塑用色简单明快，用料讲究，所捏的泥人历经久远，不燥不裂，栩栩如生，在国际上享有盛誉。

"泥人张"的作品是塑与绘的两大结合，先塑造后绘色。在泥塑过程中塑大体为关键，先将人物大的形体动态塑出，才有大的感觉，然后刻画衣纹表现质感，又不伤其骨骼。在绘色上多采取的是中国绘画中的工笔画法，使作品增添光感和色感。"塑造"与"绘画"这两者巧妙的结合，展示给人们的是真实而有力的生命，使人们在一般中看见美，在枝节、片段中看到无限。

泥人张彩塑在艺术上继承了我国古代泥塑的优秀传统，并有所发展和创新，把传统的捏泥人提高到圆塑艺术的水平，又装饰以色彩、道具，形成了独特的风格。其作品艺术精美，影响远及世界各地，在我国民间美术史上占有重要的地位。张明山父子为中国泥塑作品从佛殿神堂步入寻常百姓家做出了重要贡献，堪称我国近代泥塑艺术巨匠。

门票信息： 70元。

开放时间： 9：00—18：00。

交通导航： 乘坐1路、4路、12路、15路、611路、612路、619路、624路、824路公交在天津古文化街下车即到。

泥人张彩塑

魏记风筝——走向世界的工艺品

"风筝魏"的创始人魏元泰先生，为风筝制作的创新耗尽了毕生的心血，把风筝制作的技艺发展到了新的高度，形成了他自己的独特风格，以其造型美观，形象逼真，做工精湛，绘画水平高超而闻名于中外。

天津是中国风筝的主要产地之一。　天津风筝的制作，历史久远，工艺精湛，从清代的天津杨柳青年画《十美画放风筝》上即可得到证实，有串灯、盘鹰、唐僧取经、蝴蝶等10种风筝。其中以有着百年历史的"魏记风筝"最为精美、著名。

"魏记"风筝的创始人魏元泰（生于1872年）技艺精湛，他自幼在一家扎彩铺当学徒，对扎风筝有浓厚的兴趣，经过对飞禽和飞虫的飞翔姿态反复研究，他一改以往风筝以硬翅为主的风格，创造出了一种新型的风筝。这种风筝最大的特点是，可以把一尺多长的大风筝，折叠后放在一个小信封里，便于收藏和携带；并在风筝着色上吸收了我国古建筑中的彩绘技法，使风筝更富有民族特色。从艺70余年来，他制作出数以万计具有很高艺术性的精美风筝，誉满中外，享有"风筝魏"的美誉。1914年，"魏记"风筝在巴拿马国际博览会上一举夺得金奖，从此成为受国内外众多博物馆所青睐的珍贵藏品。

魏记风筝的主要特点是用料讲究(筝面多用绸绢，轻而结实；骨架选用质地细密、节长、弹性大的毛竹等)、造型多样(造型、结构、尺寸大小等)、工艺精湛(穿眼扣榫、变色、变位特技等)、彩绘逼真(重彩、退晕等)、飞行平稳。

魏记风筝在继承传统制作技艺的基础上，不断创新和发展，造型更加美观、逼真，彩绘更加精美、鲜明，放飞晴空令人赏心悦目，摆放室内新颖别致，成为民间艺术珍品。

　　"风筝魏"经历了100多年的发展经久不衰，在魏元泰第二代传人魏慎行、第三代传人魏永昌、魏永珍，第四代传人魏国秋的继承和不断创新下，"风筝魏"的风筝已经达到了1 000多个品种，使以"风筝魏"为代表的天津风筝的民间工艺不断发展。他们传授技艺，帮助杨柳青镇建起了天津风筝厂，产品远销海外。1983年，魏永昌应邀去法国传艺、培训，为中外文化交流做出贡献。

　　现在，天津有许多民间风筝队，经常组织放飞活动、参加比赛，进行交流，切磋技艺；同时，放风筝已经成了很多天津人日常生活休闲娱乐的方式之一。在春、秋两季的清晨和傍晚，特别是在节假日里，天津大大小小的广场、公园都可以看到许多风筝爱好者放风筝，多姿多彩、形态各异的风筝在天空中竞相飞舞。风筝带着天津人对未来的美好憧憬越飞越高。

第 9 章

踏访学府　感受时代芳华

天津大学——中国第一所现代大学

推荐星级：★★★★★

天津大学前身为北洋大学，始建于1895年10月2日，是中国第一所现代大学，素以"实事求是"的校训、"严谨治学"的校风和"爱国奉献"的传统享誉海内外。

天津大学是教育部直属国家重点大学，学校座落在天津的高校园区—南开区七里台，校园占地面积1465700平方米，总建筑面积120万平方米。

天津大学的前身—北洋大学始创于中日甲午海战之后。当时天津海关道盛宣怀通过直隶总督王文绍，禀奏清光绪皇帝设立新式学堂。光绪二十一年八月十四日（1895年10月2日），光绪皇帝御笔钦准，成立天津北洋西学学堂，并由盛宣怀任首任督办，校址在天津北运河畔大营门博文书院旧址。从此，诞生了中国近代的第一所大学。

光绪二十二年（1896年），北洋西学学堂正式更名为北洋大学堂。光绪二十六年（1900年），八国联军入侵津京，学堂校舍为敌兵所霸占，设备、文档案卷遭毁坏，学校被迫停办。以后不容学堂复课，至光绪二十九年（1903年）4月，学堂方在西沽正式复课。1912年1月，北洋大学堂改名为北洋大学校，直属教育部，1913年又改称国立北洋大学，此后一直沿用此校名至1928年

北洋纪念亭

天津大学正门

更名为国立北平大学第二工学院止。1937年7月7日，日本侵略军发动全面侵华战争。7月30日，天津沦陷。9月10日，教育部下令"以北平大学、北平师范大学、北洋工学院和北平研究院等院校为基干，设立西安临时大学"。1938年3月，西安临时大学改称国立西北联合大学。7月，教育部指令西北联大改组为西北大学、西北工学院、西北师范学院和西北医学院。

1945年8月，抗战胜利，天津收复。北洋广大师生和各地校友提出了恢复国立北洋大学的强烈要求。1946年初，教育部正式下令恢复国立北洋大学，着力在天津西沽北洋大学原址复校。此后，泰顺北洋工学院、北洋工学院西京分院、西北工学院和北平部（理学院院长陈荩民接受"北平临大第五分班"，建立北洋大学北平部）四校师生先后返津参加复校。1949年1月，天津解放，4月，北洋大学在原校址正式开学复课。自1949年11月起，北洋大学隶属中央教育部直接领导。1951年9月22日，北洋大学与河北工学院合并，定名为天津大学。

1995年是天津大学光耀辉煌、永载史册的一年。5月，天津大学顺利通过国家教委"211工程"部门预审，成为我国首批建设的若干所重点大学之一；10月2日，天津大学（原北洋大学）建校100周年庆典隆重举行，古老的学府从此跨入了新世纪的征程。1995年10月2日，天津大学（原北洋大学）建校一百周年庆祝大会隆重举行，全校师生员工和2万余名海内外校友参加了这一盛大庆典。

115年来，天津大学先后为我国培养了20余万名合格毕业生，他们中间的大多数已成为我国经济建设的骨干力量。天津大学的发展也受到了党和国家的高度重视和亲切关怀，毛泽东、周恩来、邓小平、江泽民、胡锦涛等曾先后亲临学校视察，对天津大学的发展给予了热情关怀和有力支持。

门票信息：免费。

开放时间：全天开放。

交通导航：乘坐45路、50路、633路、650路、662路、678路、842路、851路(区间)、851路、859路、879路等公交在天大宿舍站下车即到。

南开大学——感受"周总理母校"的朝气

推荐星级：★★★★★

南开大学创建于1919年，现为国家教育部直属重点综合性大学，是敬爱的周恩来总理的母校。抗日战争时期，南开大学与北京大学、清华大学在昆明组成举世闻名的西南联合大学，被誉为"学府北辰"。

南开大学创建于1919年，创办人是近代著名爱国教育家张伯苓和严修。

早期的南开大学作为私立大学，其经费除政府少许补贴和学费及校产收入外，基本赖于基金团体和私人捐赠。本着"贵精不贵多，重质不重量"的原则以及投资所限，学校规模一直较小，1937年在校学生仅429人，但师资力量较强。1937年7月，正处于成熟发展时期的南开大学不幸惨遭日本侵略军狂轰滥炸，2/3的校舍被毁。同年8月，南开大学与北京大学、清华大学合组长沙临时大学，三校校长张伯苓、蒋梦麟、梅贻琦为常务委员，共主校务。翌年4月，长沙临时大学迁往昆明，改称西南联合大学。1939年，南开经济研究所迁至重庆

南开大学主楼

沙坪坝南开中学内，继续开展研究工作，并招收研究生；1942年7月，南开在昆明成立"边疆人文研究室"，并出版《边疆人文》刊物。联大期间，三校风云际会，艰苦创业，和衷共济，为国家民族培养了一大批杰出的科学人才和革命志士，谱写了中国教育史上的光辉篇章。

抗日战争胜利后，三校复原北归。1946年，南开大学迁回天津并改为国立。复校后设文学院、理学院、政治经济学院和工学院，计16个系，另设有经济研究所、应用化学研究所及边疆人文研究室。师资力量有了加强，一批学者如吴大任、卞之琳、肖采瑜、傅筑夫、高振衡、李广田、罗大冈、汪德熙、谢国桢、张清常等来校任教。张伯苓在担任校长长达30年之后，于1948年离任，由何廉代理校长。

1949年1月，天津解放，南开大学开始了新的历程。党和政府十分关心南开大学的发展，周恩来总理于1951年、1957年和1959年三次回母校视察；1958年毛泽东主席莅临视察；1994年江泽民总书记视察南开；李鹏、朱镕基等也曾先后视察南开，党和国家领导人给南开师生以极大的鼓舞。

南开大学是国内学科门类齐全的综合性、研究型大学之一。在长期的办学过程中，形成了文理并重、基础宽厚、突出应用与创新的办学特色。有22个专业学院（系），设有研究生院、继续教育学院、现代远程教育学院。学科覆盖文、史、哲、经、管、法、理、工、农、医、教、军全部12个门类，是目前国内唯一一所覆盖全部学科门类的研究型大学。学校秉承"允公允能、日新月异"的校训，弘扬"爱国、敬业、创新、乐群"的光荣传统，培养了以周恩来、陈省身、吴大猷、曹禺等为代表的一大批杰出人才，为民族振兴和国家富强做出了重要贡献。新世纪新阶段，南开大学获得教育部和天津市重点共建支持，跻身21世纪国家重点建设大学行列。

门票信息： 免费。

开放时间： 全天开放。

交通导航： 乘8路、12路、161路、628路、643路、662路、675路、686路、707路、710路、832路、859路、952路、便民61路、西青便民1路公交在八里台站下车即可。

天津美术学院—艺术的殿堂

推荐星级：★★★★

天津美术学院，前身为北洋女师范学堂，1906年6月由中国近代著名教育家傅增湘先生创办，是我国最早的公立高等学府之一。

　　天津美术学院座落在海河之滨、三汊河口，位于天津市中心。其前身为北洋女师范学堂，1906年6月由中国近代著名教育家傅增湘先生创办，是我国最早的公立高等学府之一。辛亥革命与"五四"运动中，涌现出邓颖超、郭隆真、刘清扬、许广平等一大批先进分子，成立了"觉悟社"，并同周恩来、马骏等男校学生一起，领导了当时天津的反帝、反封建斗争，谱写了中国近代史上的光辉一页。

　　学院初期是师范教育的学校，1926年左右，专门设立了美术科，同时增设了西画、国画、图案三个专用教室。1929年，美术科发展为图画副系，学校成为当时国内建制最完善的师范院校之一，设有家政、国文、英文、史地、教育、音乐、数学、理化和生物9个系，图画、体育2个副系，在校学生达350人。

　　新中国成立后，学院经过多次调整、易名，经历了河北师范学院、河北天津师范学院、河北艺术师范学院、河北美术学院、天津艺术学院等，于1980年2月定名为天津美术学院。

　　学院现占地6万多平方米，校舍建筑面积8.79万平方米，目前设有服装艺术设计、中国画、书法、综合绘画、油画、版画、雕塑、视觉传达设计、装饰艺术设计、染织艺术设计、环境艺术设计、工业设计、数字媒体艺术、摄影艺术、公共艺术、多媒体设计、美术史论等17个专业方向，设有美术学、绘画、艺术设计、工业设计、雕塑等5个二级学科。硕士研究生、本科生、留学生等各类在校生3000余人。

天津美术学院

校内一角

　　学院师资力量雄厚，荟萃一批海内外享有盛誉、教学严谨的美术教育家和知名学者。目前共有外聘教师120人、专任教师240人，还聘请了很多美、法、德、日等国的著名学者及国内著名学者担任兼职教授。

　　学院秉承"崇德尚艺，力学力行"的校训，遵循艺术教育规律，树立科学发展观念和"以人为本"的教育理念，以培养学生的创造精神和实践能力为基点，造就适应社会发展需要的、德才兼备的高素质艺术人才。以沉静和进取的精神，以包容和开放的姿态，将天津美术学院办成立足民族文化根基，融汇不同文化精华的学术研究、创作和人才培养基地。

门票信息： 免费。

开放时间： 全天开放。

交通导航： 乘坐641路、便民9路公交车可以到达。

附　录

8条最值得推荐的天津自助游线路

线路1：古文化街 — 三条石历史博物馆 — 大悲禅院 — 天津之眼

利用一上午的时间，仔细品味一下古文化街的中国味、天津味、文化味和古味，看看古文化街附近北方最大的妈祖庙—天后宫和活灵活现的泥人张美术馆。下午先去三条石历史博物馆，见证天津工业的发展。之后可以去大悲禅院，参拜大慈大悲的观音菩萨，感受佛家文化的意蕴。傍晚时分可以去天津之眼，这是世界上唯一建在桥上的摩天轮，夜景非常漂亮。

线路2：静园 — 张园 — 瓷房子 — 中心公园 — 滨江道

静园是末代皇帝溥仪在天津时的住所，可以在早上抽出1小时左右的时间去看看。从静园出来可以去看看张园，了解一下历史人物背后的故事。之后可以去看用多件古董装修而成的法式洋楼—瓷房子。中心公园是天津典型的街心公园，下午可以花2小时左右的时间游览一番。之后就可以去商场林立的滨江道购物了。晚上坐在马车上看滨江道的夜景，会很有感觉。

线路3：解放桥 — 世纪钟 — 曹禺故居 — 梁启超故居 — 意大利风情街

早上先去解放桥，欣赏桥梁独特的风格，感受一下历史的沧桑巨变。过了解放桥就到了世纪钟广场。世纪钟高40米，通体金属，流光溢彩，是古典与现代的完美结合。之后可以去参观一下曹禺故居纪念馆，听一场话剧。下午先去梁启超纪念馆，看看"饮冰室"书斋，感受一下风云人物的气节。之后可以去意大利风情街，感受一下异国情调。

线路4：平津战役纪念馆 — 清真大寺 — 西沽公园

平津战役纪念馆是反映中国解放战争三大战役之一——平津战役的专题纪念馆。纪念馆古朴庄重、大气恢弘，很值得一看。之后去清真大寺，这是天津市保存最完好的宫殿式伊斯兰教建筑群，古色古香，很有韵味。午休过后，下午重点游览西沽公园。这是一个具有鲜明运河文化特色和历史韵味的生态文化旅游胜地，园内绿化面积很大，原生态的植被景观值得欣赏。

线路5：水上公园 — 周恩来邓颖超纪念馆 — 天津广播电视塔 — 南开大学

水山公园，津门十景之一，是天津最大的综合性公园，最大的特色是整座公园由东、西、南三大湖和分散在湖中的11个岛屿组成。在这里可以花上半天时间散步、游玩。下午可以先逛逛公园边上的周恩来、邓颖超纪念馆和天津广播电视塔。纪念馆内藏品丰富，文物价值弥足珍贵，表现了人们对两位伟人的怀念之情。天津广播电视塔为世界第四、亚洲第二高塔。亭阁式的塔座，抛物线状的圆体塔身，飞碟型的塔楼，圆方形的桅杆，巍峨壮观。之后有兴趣的游客还可以去南开大学看看，感受"总理母校"的朝气。

线路6：极地海洋世界 — 河海外滩公园

天津极地海洋世界是以海洋公园为主题的大型开放式旅游项目，由8个游览专区组成，其中"企鹅展区"全国最大。游客可以在馆内与各种"海洋精灵"零距离接触，与海豚握手、亲吻，亲手喂养白鲸等。海河外滩公园开阔的空间使其成为滨海地区最大的休闲广场，夜晚灯光亮起时非常漂亮。在公园里不仅可以欣赏全国最高、最长的喷泉景观，还可以在晚上乘船邀游于外滩水域。

线路7：天津博物馆 — 天津自然博物馆 — 天津大剧院 — 天津美术馆

这条线路是文物与艺术的专属路线。天津博物馆占地面积64003平方米，新馆地上五层，地下一层，层叠错落，是本市规模最大、种类最为齐全的博物馆，也将是本市文物精品的大荟萃。自然博物馆最有特色的是各个时代的标本，共有38万件之多，涉及动物、植物等多种学科，居全国同类博物馆之首。天津大剧院是天津文化中心最大的文化场馆。天津美术馆提供了公共教育与文化休闲的空间，是中国最具现代化标准的美术展览馆之一。

线路8：相声博物馆 — 老城博物馆 — 戏剧博物馆 — 鼓楼

天津是相声艺术的发源地，所以，来到天津，怎能不去相声博物馆见识一下？欣赏了相声之后，不能不去看老城博物馆，因为它见证着天津600年风雨春秋，它典藏着天津丰厚的历史文化底蕴。下午可以先去中国第一个专业性戏剧博物馆—天津戏剧博物馆游览，这里也是我国当今保存最完整、规模最大的清式会馆建筑之一。之后可以去鼓楼商业街散步、逛街，细细品味这条集旅游、文化、购物、休闲于一体的大型商贸旅游步行街。